PAR JEAN-BAPTISTE CAPEFIGUE

CATHERINE DE MÉDICIS

MÈRE DES ROIS FRANÇOIS II, CHARLES IX ET HENRI III

LA FEMME QUI FUT ROI

Copyright © 2022 by Culturea
Édition : Culturea 34980 (Hérault)
Impression : BOD - In de Tarpen 42, Norderstedt (Allemagne)
ISBN : 9782382743997
Dépôt légal : Octobre 2022
Tous droits réservés pour tous pays

I. — 1519-1532.

La maison illustre des Médicis était parvenue à son plus haut degré de gloire sous Laurent, dit *le Magnifique*, qui avait succédé à son père dans le gouvernement de la république de Florence[1]. Laurent, l'ami de Pic de la Mirandole, de Politien, le protecteur des grands peintres, des sculpteurs, des orfèvres-ciseleurs, d'Alde Manucio l'Ancien, qui lui dédia son premier livre imprimé ; Laurent de Médicis épousa Clarissia, fille de Jacobo Orsini, un des puissants barons de Rome.

De ce mariage naquit un fils, Jean de Médicis[2], qui fut élevé à la tiare pontificale sous le grand nom de Léon X ; un autre fils, Julien, qui eut pour successeur le cardinal Jules de Médicis, depuis élu pape sous le titre de Clément VII. Il était impossible de réunir plus d'illustration dans une race et de compter de plus immenses services rendus à Florence, la cité des arts, des poêles et de toutes les jouissances de l'esprit : il n'était pas un palais, pas un monument qui ne rappelât le nom splendide de cette noble famille de marchands.

Déjà les Médicis, au milieu des chevaleresques expéditions de Charles VIII, Louis XII, François Ier en Italie, s'étaient alliés aux rois de France. Julien de Médicis avait épousé Philiberte de Savoie, la tante de François Ier. A cette occasion, il fut créé duc de Nemours. Laurent II vint à Paris[3], où il épousa en grande pompe Madeleine de La Tour d'Auvergne, une des belles alliances de la maison de France. Il se distingua dans les tournois et les fêtes de Fontainebleau[4] de manière à laisser une longue renommée.

C'est de cette union que naquit, le 30 avril 1519, une fille qui reçut le nom de Catherine. Laurent était mort pendant la grossesse de Madeleine, sa femme ; la pauvre mère mourut elle-même en donnant le jour à sa fille ; de sorte que Catherine de Médicis naquit orpheline et devint l'enfant d'adoption du pape Clément VII, son oncle. Elle fut baptisée à Florence dans la Campanile, près de cette cathédrale toute bariolée de marbre bleu, noir ou blanc, souvenir des factions qui avaient ensanglanté la ville avant que les Médicis ne prissent la dictature.

Nul pontificat ne fut plus agité que celui de Clément VII : Rome mise au pillage par les aventuriers du connétable de Bourbon[5], le pape retenu captif au château Saint-Ange, obligé de capituler avec le prince d'Orange, moitié huguenot, et de subir les lois de Charles-Quint, qui ne pouvait[6] pardonner aux Médicis leur alliance avec François Ier. Depuis sa naissance, Catherine dut assister à ces scènes émouvantes de batailles de guerres civiles et de tristes captivités ; mais elle n'eût pas été une fille des Médicis si, au milieu de ces étranges et sanglants spectacles, elle n'eût gardé l'amour des arts dans leur grandeur. Enfant, elle vécut avec Michel-Ange, qui venait d'achever la chapelle sépulcrale de Laurent et de Julien de Médicis ; elle connut le Rosso, Primatice, qui, depuis, vinrent la visiter en France ; elle fut admirée

---

1 Il était né le 1er janvier 1448, et lui succéda en 1469.
2 Le 11 décembre 1475.
3 Décembre 1518.
4 La passe d'armes dura trois jours, et la peinture l'a reproduite.
5 1532.
6 Avril 1533.

II. — 1533.

François Ier, dans ses campagnes d'Italie, avait lié sa cause à celle des Médicis ; et, par une similitude assez étrange, comme eux, il avait subi de cruels malheurs en présence de leur puissant et commun ennemi Charles-Quint. Le concordat signé entre Léon X et François Ier avait uni le saint-siège et la couronne de France par des stipulations politiques[1], et depuis cette époque les liens les plus intimes n'avaient cessé d'exister. Quand la guerre fut de nouveau prête à éclater entre Charles-Quint et François Ier, chacun de ces princes voulut s'assurer le concours du pape Clément VII, et de là les premières propositions de mariage pour Catherine de Médicis, sa nièce. L'empereur proposait un Sforce, duc de Milan[2], de la rude race des aventuriers. François Ier alla plus hautement au but ; il offrit son second fils, le duc d'Orléans (Henri de France). Ce prince n'était point appelé à régner, alors qu'il existait un dauphin ; mais, placé sur les marches du trône, il offrait une belle alliance aux Médicis. Clément VII prit un haut intérêt à ce mariage qui fut négocié à Florence et à Rome par du Bellay, les cardinaux de Tournon et de Gramont.

On a écrit dans quelques pamphlets protestants, ensuite copiés par des historiens d'académies : que le besoin d'argent avait déterminé François Ier à ce mariage, et que Catherine de Médicis avait apporté par contrat des sommes immenses en or et en diamants. Depuis, le contrat de mariage a été retrouvé dans son texte original[3] : il porte comme constitution de dot une somme de cent mille écus d'or[4], moyennant laquelle Catherine renonce à la succession de son père. Le pape Clément VII ajoute trente mille écus d'or pour la fiancée. Catherine ne se réserva que ses droits sur le duché d'Urbin. Mais la famille de Médicis, par ses alliances ou sa parenté, avait des éventualités à peu près sur toute l'Italie : Reggio, Modène, Pise, Livourne, Parme, Plaisance et même sur Gênes, Milan et Naples[5]. Ces sortes de droits, François Ier aimait à les revendiquer, parce qu'il avait une vive passion pour l'Italie, la terre de prédilection pour la chevalerie de France et pour tous ceux qui l'ont une fois visitée.

Le pape Clément VII mit un si grand intérêt à cette alliance des Médicis avec la royale lignée des Valois, que, malgré l'opposition très-vive de Charles-Quint, il accepta une entrevue personnelle avec le roi François Ier à Marseille, où il devait conduire sa nièce Catherine. On avait d'abord parlé de Gênes, puis de Nice ; le roi de France insista pour obtenir de Clément VII cet acte de déférence, ce témoignage d'une cordiale amitié. Marseille, d'ailleurs, bien que placée dans le domaine royal de la couronne de France, jouissait d'une constitution municipale si large qu'on aurait dit une république comme Gênes. Charles-Quint ne mit

---

[1] Le concordat fut signé le 15 août 1516.
[2] Comparez Guicchardini, liv. XX, et les *Négociations de du Bellay*, liv. IV.
[3] 27 octobre 1533.
[4] Ce qui équivaut aujourd'hui à 3 millions 300 mille francs.
[5] *Négociations de du Bellay*, liv. IV. — Correspondance des cardinaux de Tournon et de Gramont, dépêches, 21 janvier 1533.

d'autre obstacle à cette entrevue que la promesse formelle : qu'il ne serait traité aucune question politique entre le pape et le roi de France1.

Le 3 septembre 1533, Catherine de Médicis s'embarqua dans le port de Livourne sur la galère pontificale qui portait Clément VII, son oncle : cette galère, richement sculptée à la manière vénitienne, avait sa proue d'or, et une chambre si bien parée qu'on aurait dit la salle du doge : Catherine avait alors quatorze ans ; pleine de grâce et de joyeuses manières, sa vivacité plaisait à Clément VII, et semblait égayer la gravité du pontife, pourtant ami des arts et des fêtes. Toute cette traversée sur une belle mer se passa en nobles et joyeux propos pour faire diversion à la longueur du temps.

Dès que l'entrevue eut été arrêtée par les envoyés respectifs, François Ier, suivi du dauphin, héritier de la couronne, du duc d'Orléans, destiné comme époux à Catherine de Médicis, et avec eux d'une suite de chevaliers, gentilshommes et dames, s'était mis en route du château de Fontainebleau pour la Provence2 : on marchait à petites journées, prenant ses ébats joyeux à la chasse, aux passes d'armes, à la lecture des romans de chevalerie. Il y avait aussi, parmi les suivants du roi, des hommes graves, des évoques, docteurs de l'Université chargés de haranguer le pape et de discuter avec lui les questions et les intérêts de l'Église. François Ier, avant d'arriver à Marseille, voulut visiter la Sainte-Baume, où la tradition disait que Madeleine repentante avait pleuré bien des années ; doux pèlerinage, alors si célèbre dans les annales de Provence.

Catherine de Médicis et le pape Clément VII furent reçus à Marseille par les consuls, magistrats municipaux et le peuple tout entier, avec les plus grands honneurs. Les dignes Marseillais étaient ardents catholiques ; les cloches sonnèrent à toute volée, les canons et couleuvrines tirèrent plus de mille coups : on donna au pape un hôtel près de la loge sur le port ; le roi et la cour habitèrent une belle maison en face, en sorte que pour se voir plus souvent et avec une plus grande facilité, les deux augustes voyageurs firent jeter un petit pont entre leurs deux appartements, couronnés par une galerie couverte : à toute heure du jour ils purent se visiter, le pape, le roi, Catherine, le dauphin, le duc d'Orléans : et ces conférences furent très-utiles aux affaires du royaume3.

La présentation de Catherine de Médicis au roi François Ier se fit par le duc d'Albanie, oncle de la jeune fiancée : il avait épousé Anne de La Tour de Boulogne, sœur de la mère de Catherine ; la fille des Médicis plut singulièrement à tous, et au roi surtout, qui joua toute la soirée comme un enfant et un fol avec elle et lui parla dans la langue chérie de Florence. Catherine était vêtue d'un brocard de soie tout blanc, semé de pierreries et d'orfèvrerie florentine ; sa coiffure de point de Bruxelles était magnifique ; mais ce qui brillait le plus en elle, c'était sa riante figure, l'enjouement spirituel de ses mots, toujours bien dits et à propos, de manière à charmer tout le monde. Le mariage fut célébré à l'église cathédrale la Major, au milieu des réjouissances municipales, banquets, danses, feux d'artifice4. Le pape Clément vint bénir lui-même le mariage de sa

---

1 Le pape avait promis surtout de ne pas faire de cardinaux à la sollicitation du roi de France. Guicchardini, liv. XX.
2 Fin d'août 1533. La cour était partie du château de Fontainebleau, ce palais que le roi commençait à embellir.
3 Comparez Sleidan, Comment., liv. IX, et Belcarius, liv. XX, n° 49. Ils donnent les plus grands détails sur les affaires traitées à Marseille entre le pape et le roi de France.
4 31 octobre 1533.

nièce et ajouta divers dons aux stipulations premières. Il fut surtout convenu que le pape et le roi s'entendraient pour faire restituer le duché d'Urbin[1] à Catherine, et le duché de Milan au duc d'Orléans, son fiancé. Jamais à aucune époque et à aucun prix François Ier n'avait renoncé à cette belle terre du Milanais qu'il voulait unir à son blason, comme une escarboucle à sa couronne. L'Italie, je le répète, a ce privilège d'être aimée et désirée par tous ceux qui l'ont vue et possédée une seule fois.

Les derniers jours de l'entrevue de Marseille entre le pape et le roi furent consacrés aux affaires de la catholicité[2] : Clément VII voulait déterminer François Ier à une grande croisade contre les Turcs, qui menaçaient l'Europe : le roi de France venait de traiter avec les sultans dans l'intérêt de son commerce. Le pape ne put pas entraîner François Ier dans ses idées ; il accorda quatre chapeaux de cardinalat à la France pour donner une nouvelle force à l'Église, et quand toutes ces affaires eurent été réglées, la cour prit, la route de Fontainebleau, son séjour de prédilection, tandis que Clément remontait sur sa galère pontificale jusqu'à Gênes.

---

[1] Correspondance de l'ambassadeur Tournon, depuis cardinal.
[2] A la lutte contre la réforme et à la convocation du concile. (*Négociations de du Bellay*.)

III. — 1534.

La cour de François Ier était alors dans toute sa splendeur. Le roi avait près de trente-neuf ans lorsque Catherine de Médicis le vit pour la première fois[1] : un peu souffrant déjà, il était chauve ; sa barbe même offrait les ravages des années ; elle avait grisonné durant les ennuis de la longue captivité de Madrid. Catherine, toute jeune fille, lui plut singulièrement. Je ne crois nullement au portrait de Catherine de Médicis à quinze ans, attribué au Primatice[2]. C'est un de ces mille anachronismes qui déshonorent l'histoire. La nouvelle et bienvenue princesse fut agréable à tout le monde, parce qu'elle avait les grâces italiennes de son âge, une certaine hardiesse dans toutes ses démarches, une vivacité extrême ; et puis, ce qui plaisait surtout à cette époque, l'esprit pleinement imagé d'horoscope, d'astrologie et des constellations du ciel.

Fontainebleau, où Catherine de Médicis vint habiter pour la première fois, était le royal manoir d'une cour nombreuse et brillante : on y parlait à peine d'Éléonore de Portugal, sœur de l'empereur Charles-Quint, épouse légitime de François Ier, un peu disgracieuse, et que le roi avait subie comme une des conditions du traité de Madrid[3]. Éléonore était absolument délaissée comme un caractère et une physionomie grave qui n'allait pas à la cour ardente, chevaleresque et artistique de François Ier. Princesses et favorites conquéraient à cette cour une puissance extrême sur les esprits et les imaginations,

La première de toutes, celle qui exerçait un pouvoir politique, c'était Marguerite de Valois, dont le vrai nom était Marguerite d'Angoulême, fille de Charles d'Orléans, duc d'Angoulême, et de Louise de Savoie[4], et par conséquent sœur de François Ier. Elle n'était plus jeune, et pourtant elle gardait une influence : veuve de Charles d'Alençon, elle avait épousé en secondes noces Henri d'Albret, roi de Navarre, le chef de la maison de Bourbons. Ainsi devenue reine, elle fut tendrement aimée de François Ier, qu'elle avait consolé dans sa captivité de Madrid, de manière à favoriser sa délivrance. Le roi rappelait sa Marguerite, sa pierre précieuse, dans ses allégories : pédante à la fois et licencieuse, Marguerite favorisait un peu le luthéranisme dans ses rapports avec les savants, tandis que par ses contes presque libertins (ceux de la reine de Navarre)[6], elle égayait les longues soirées du roi, après les chasses de Fontainebleau. Il n'eût été habile en aucun cas à Catherine de Médicis de heurter le pouvoir de la reine de Navarre, fondé sur la plus tendre amitié d'un frère reconnaissant.

Avec Madame de Navarre, qui, en fait de joyeuseté, comme le dit Brantôme, et de galanterie, montrait qu'elle ne savait plus que son pain quotidien, on pouvait compter Diane de Poitiers[7] (Mlle de Saint-Vallier) toute-puissante auprès de

---

[1] Le Roi était né le 12 septembre 1494.
[2] On le trouve ainsi dans plusieurs collections de gravures. Ce portrait est absurde et appartient à l'école toute moderne ; c'est une mauvaise fantaisie de peintre, et néanmoins on le conserve dans les cartons de la Bibliothèque impériale.
[3] Le 25 avril 1529.
[4] Née le 11 avril 1492, de deux ans plus âgée que le roi son frère.
[5] Mai 1527.
[6] *Les Contes de la Reine de Navarre*, imités du *Décaméron*, de Boccace, portèrent le titre primitif de l'*Heptaméron*, ou *Nouvelles de la Reine de Navarre*. Paris, 1568.
[7] Elle était née le 22 septembre 1499, et avait alors trente-quatre ans.

François Ier ; celle dont Henri II inscrivit plus tard la devise en chaque monument ; cette Diane que les artistes reproduisaient en divinité chasseresse, un carquois sur l'épaule à Fontainebleau, à Chambord, et jusqu'au nouveau Louvre. Puis la duchesse d'Étampes, Anne de Pisseleu, fille d'honneur de la reine1, d'un esprit et d'un goût admirable. La condition particulière de Diane de Poitiers, c'est qu'après avoir été aimée parle père, elle le fut par le fils, le propre mari de Catherine de Médicis, outrage à sa dignité d'épouse.

On sent combien la situation de la jeune Florentine à la cour de Fontainebleau fut délicate, et combien il fallut d'esprit pour glisser au milieu de tous sans heurter les puissances finies et celles qui commençaient. Catherine se montra de la plus charmante façon auprès du roi François Ier, avec un goût prononcé pour les distractions hardies de la chasse et des tournois. Elle aimoit, dit Brantôme2, tous les honnêtes exercices : elle avoit très-douce façon à la danse ; elle tiroit l'arbalète, jouoit au mail ; elle inventoit chaque jour de nouvelles danses, de nouveaux jeux, de nouveaux ballets ; elle estoit de fort bonne grâce à cheval et hardie ; elle a esté la première qui ait mis la jambe sur l'arçon, d'autant que la grâce y estoit plus belle et plus apparoissante que sur la planchette.... Catherine, presque enfant, fit prier le roi de la mener toujours quand il courroit le cerf. Le roi François Ier lui en sut très-bon gré, et voyant la bonne volonté qui estoit en elle d'aimer sa compagnie, il l'en aima toujours davantage ; il se délectoit à lui faire donner le plaisir de la chasse ; elle ne le quittoit jamais et le suivoit toujours à courir. En effet, dans quelques-unes des ciselures et orfèvreries de la Renaissance, qui reproduisent les chasses de François Ier, on voit à côté du roi une jeune fille, l'épieu en main, comme la Diane des forêts ; les antiquaires croient y reconnaître la Catherine de Médicis des récits de Brantôme.

Les chasses à cette époque n'étaient pas de petits épisodes de la vie de château sans danger, comme sous Louis XIV et Louis XV : c'était une véritable bataille livrée en pleine forêt, sous les taillis les plus sombres, à travers des sentiers impénétrables, non-seulement aux cerfs, mais encore aux sangliers, aux loups. On ne courait pas une seule bête, mais toutes à la fois, de sorte que les chevaux des chasseurs se trouvaient en face d'un loup ou d'un sanglier, cl les plus belles chasseresses étaient exposées à d'incessants périls3. Les meutes de chiens avaient elles-mêmes quelque chose d'abrupt et de sauvage : il y a évidemment des races perdues dans les meutes. Je crois que François Ier avait encore dans ses chenils quelques-uns de ces molosses dont la famille fut amenée à Aix-la-Chapelle, par le grand empereur Charlemagne, au retour de ses guerres contre les Saxons et Vitikind4.

Les tournois offraient aussi leurs périls, et à l'époque du roi François Ier ils n'avaient pas dégénéré. Comme pour les scènes de chasse, on trouve des ciselures sur les casques, les armures d'acier et même sur les épées, qui reproduisent les grandes mêlées et passes d'armes. Ce sont de véritables batailles où les lances s'entremêlent et se brisent en mille éclats. Sous François Ier la mode fut pour les romans de la chevalerie : les premières éditions de

---

1 Elle était née en 1508, et avait ainsi vingt-trois ans.
2 Article *Catherine de Médicis*, dans les *Dames illustres* du seigneur de Bourdeille, si hardi en ses portraits.
3 La Bibliothèque impériale possède une gravure contemporaine qui reproduit une chasse royale de François Ier. Voyez *Collection de l'Histoire de France*, XVIe siècle.
4 Voyez les *Grandes Chroniques de Saint-Denis*, ad ann. 802 : elles parlent de ces chiens monstrueux qui attaquaient droit les loups et les sangliers.

Lancelot du Lac, des *Quatre fils d'Aymon*, datent de cette époque. On faisait ses délices du fameux livre des *Tournois du roi René*, une des merveilles parmi les enluminures du moyen âge.

Il ne survit aucune trace que la jeune Catherine de Médicis, tout entière alors au désir de plaire au roi, soit entrée dans les intrigues et les petits complots qui s'agitaient autour des princes et des favorites. Sa seule et gracieuse intervention fut réservée à l'apaisement des ardentes jalousies d'artistes qui s'élevaient entre Rosso, Primatice et Benvenuto Cellini, alors tous trois à Fontainebleau1. Rosso gardait l'omnipotence sur les travaux commandés par le roi, et le Primatice ne pouvait le souffrir ; quant à Benvenuto Cellini, c'était bien le caractère le plus capricieux, le plus lunatique que l'atelier eût jamais produit. Au milieu d'eux, Catherine de Médicis était comme la divinité médiatrice ; elle leur parlait la douce langue de la patrie, leur rappelant Florence, Pise, Rome, où les arts étaient une religion. Le Primatice prit plusieurs fois les traits de Catherine de Médicis pour modèle, non pas dans le ridicule croquis dont j'ai parlé, attribué par l'ignorance moderne au Primatice, mais dans des œuvres sérieuses, les groupes de divinités païennes, ou les médaillons de peinture ou d'architecture destinés aux demeures royales.

Le goût pour les superstitions, l'astrologie, se révèle déjà dans toutes les actions, les paroles de Catherine de Médicis, encore si jeune ; cela tenait à son temps et à son éducation : on ne parlait que d'horoscope, sorcellerie, alchimie ; la génération chevaleresque lisait avec une curiosité attentive les livres de Nostradamus : on comparait les constellations, les signes du zodiaque ; chacun vivait et mourait sous son étoile. Les Médicis à Florence avaient tous cette renommée, d'aimer l'astrologie, comme les Sforce de Milan, et l'on se l'explique au milieu de leur fortune merveilleuse. Ils excellaient à mêler les drogues, à combiner les parfums, comme à lire dans les destinées des hommes. Catherine porta ces goûts en France, où plaît tout ce qui est étrange et mystérieux. On venait à elle par cet attrait qui pousse toutes les existences vers l'inconnu et le mystère ! Preuve encore de notre destinée immatérielle !

---

1 Les mémoires de Benvenuto Cellini, sur son séjour à Fontainebleau, sont d'une piquante curiosité. Voyez liv. IV.

IV. — 1534-1535.

Les grands partis et les hommes qui les dirigent se forment lentement, au milieu des émotions de la guerre civile. A l'origine, ils existent en germe, mais sans avoir ces énergiques et sanglantes proportions qu'ils prennent à la suite des violentes luttes. Ainsi, sous le règne de François Ier, nous trouvons déjà les chefs d'opinions et de familles qui vont entrer dans des rivalités implacables à la seconde moitié du XVIe siècle : les partis ont aussi leur berceau.

C'était déjà une immense race que celle des Guise, qui portait sur son blason les armes de Lorraine ; sa généalogie incontestée la faisait descendre de Charlemagne par Lothaire le Germanique[1], et ses partisans secrets pouvaient lui dire : Pourquoi ne point réclamer contre les Valois, ces collatéraux de la race capétienne, une couronne qu'ils ont usurpée ? Sous François Ier, la maison de Guise ou de Lorraine était représentée à la cour par Claude de Lorraine, duc d'Aumale, naturalisé gentilhomme de France et créé grand veneur. Il commandait les reîtres à Marignan[2], les Français à Hesdin, contre les Anglais[3], et, durant la captivité de François Ier, lorsque les paysans soulevés de Misnie et de Souabe allaient pénétrer en France pour tout ravager, ce fut Claude de Lorraine qui les arrêta et les dispersa devant Saverne. Le péril avait été si grand, qu'après la victoire un arrêt du parlement de Paris l'avait proclamé sauveur de la patrie[4]. Le roi, en même temps, érigea la terre de Guise en duché-pairie, en lui déférant aussi à perpétuité le gouvernement de la Champagne. Ces grands services, un dévouement absolu à la foi catholique, assuraient une haute popularité à la maison de Guise, qui n'offrait dans son histoire généalogique que des héros ; et ce qu'il y a de plus curieux dans l'histoire que nous allons écrire, c'est que, sous le règne de François Ier, rien n'était plus unique les deux familles de Guise et de Coligny, plus tard si hostiles. Les guerres civiles sont si détestables qu'elles brisent les plus intimes unions ! Le premier des Coligny, d'une illustre et antique maison, celle de Châtillon-sur-Loing, était seigneur de la châtellenie de Coligny, située entre la Franche-Comté et la Bresse ; comme les Guise, il était venu s'établir sur les terres du roi de France et avait servi sous Louis XI, Charles VIII et Louis XII, en Italie, en Allemagne, dans les Flandres[5]. Lorsque Catherine de Médicis arrivait à la cour de François Ier, Gaspard de Coligny venait de mourir, laissant trois fils : C'estoit, dit Brantôme, un bon et sage capitaine, du conseil duquel le roi s'est fort servi tant qu'il a vécu, car il avoit bonne tête et bon bras.

Le premier des enfants fut Odet de Châtillon, fait cardinal[6] presque enfant encore par Clément VII, durant l'entrevue de Marseille avec François Ier, lors des fiançailles de Catherine de Médicis. Destiné à une haute fortune, il venait d'être nommé par le roi archevêque de Toulouse[7]. Le second, Gaspard, deuxième du

---

[1] Cette généalogie fut invoquée sous la Ligue aux états de 1488, pour faire donner la couronne aux Guise.
[2] En 1515.
[3] En 1522.
[4] En 1528.
[5] François Ier l'avait créé maréchal de France en 1514.
[6] Il avait à peine dix-huit ans ; il était né en 1514, et sa promotion est de 1533.
[7] Il fut depuis appelé à l'évêché-pairie de Beauvais.

nom de Coligny, cadet du cardinal, devint ensuite le fameux amiral des guerres civiles ; alors il étudiait les sciences et les armes avec Dandelot, son plus jeune frère, encore enfant1. Ces trois fils de la maison de Châtillon étaient appelés à jouer un rôle considérable dans les sinistres épisodes du XVIe siècle.

Il n'est pas besoin de parler de l'illustration des Montmorency, alors représentés par le maréchal Anne de Montmorency, depuis connétable, filleul de la reine Anne de Bretagne2, femme de Louis XII ; caractère ferme, un peu dur, l'ami de Bayard, son compagnon d'armes en Italie. Aucune guerre ne s'était accomplie sans que Montmorency y eût pris part avec héroïsme. Le courage était la vertu de ce temps. Il est des époques ainsi faites qu'on donne sa vie comme un devoir dans une bataille comme dans une passe d'armes, mais aussi on la prend aux autres facilement et sans remords ; les idées de religion et de gloire deviennent si puissantes, qu'elles dominent toutes les autres et vous font courir aux périls ou aux représailles comme à une fête. Ainsi était arrivée la génération chevaleresque à la cour de François Ier, lorsque parut la jeune Catherine de Médicis.

Les Bourbons, peu considérés depuis la triste conduite du connétable en France, en Italie, étaient représentés par Antoine de Bourbon3, fils de Charles, duc de Vendôme, prince brave, destiné à une grande fortune par son mariage avec Jeanne d'Albret, héritière de Navarre. François Ier avait pris en estime son caractère probe, désintéressé, et son titre de premier prince du sang lui assurait une haute place. Nul enfant n'était plus aimé à la cour que Louis4, prince de Condé, son frère cadet, source de l'illustre et turbulente maison, la gloire et souvent le péril des fleurs de lis.

Si toutes ces grandes familles avaient vécu dans les temps ordinaires, sous un pouvoir fort et incontesté, elles auraient accompli des choses glorieuses pour la France ; mais, au commencement du XVIe siècle, il était né une cause immense et triste d'agitation et de guerre civile. Je n'ai point à examiner la nature et la valeur réelle de la réformation au point de vue religieux et philosophique. Chacun garde sa foi comme il l'entend et dans les proportions de ses idées. Ce qu'il faut constater seulement, c'est que le luthéranisme et le calvinisme surtout5 furent la cause d'un grand désordre politique, car ils attaquaient à la fois la vieille société du moyen âge et le principe d'autorité par une hardie prédication d'idées qui devait bouleverser les éléments et les conditions du pouvoir ; il était dès lors fort logique, très-naturel que ce pouvoir se défendît par les armes qui lui étaient propres. Il ne faut jamais confondre les temps quand on veut sainement juger les idées : aujourd'hui on accepte des faits qui, autrefois, étaient le sujet d'une fatale lutte, en même temps qu'on rejette des opinions qui seront acceptées par l'avenir. Les livres calvinistes firent un grand ravage, car ils furent la cause d'un classement violent de partis. Les Guise se prononcèrent pour les idées catholiques sur le pouvoir infaillible de la papauté ; les Coligny, pour la réformation, l'examen, la critique. Les Montmorency prirent un milieu entre ces opinions, tandis que les Bourbons, par leur mariage avec les Albret de Navarre, penchaient pour la nouvelle réforme.

---

1 Nés en 1515-1517.
2 1493.
3 Né le 22 avril 1518.
4 Né le 7 mai 1530.
5 Le livre de *l'Institution chrétienne*, qui est l'œuvre capitale de Calvin, fut publié en 1635, à peu près à l'époque où Marie de Médicis arrivait à la cour de France.

A la cour de François Ier, on voit même les femmes se mêler à ces agitations, et, en tête de toutes, cette Marguerite reine de Navarre, l'amie des savants, des gens de lettres universitaires qui favorisaient les nouvelles idées de la réformation ; elle se fit la protectrice de Jean Calvin et de Clément Marot, plus avancé peut-être que Calvin dans la nouvelle école, car, le premier, il publia les Psaumes[1] en français. Cette traduction fit fureur : on chantait ces psaumes à la cour, au *Pré aux Clercs*, sur les airs de noëls connus[2]. Catherine de Médicis resta tout à fait en dehors de ces opinions extrêmes et de ces controverses de doctrine, préférant suivre le roi dans ses lointaines journées de chasse, au milieu des bruyants plaisirs des forêts. Les artistes d'Italie, constructeurs ou décorateurs de nobles palais, d'élégantes galeries, avaient plus ses affections que les philosophes et les savants : elle eût donné tous les psaumes de Marot pour une agrafe du manteau de Diane ciselée par son cher Benvenuto Cellini. Les seules études de Catherine de Médicis appliquées aux lettres s'adressèrent aux livres d'astrologie, à la comparaison des signes du zodiaque, superstitions que Dieu a placées souvent dans les grands esprits. Peut-être aussi avait-elle besoin de s'effacer ; Catherine, en étudiant les temps, les partis, les hommes, préparait sa destinée. Il y a des époques de méditation et de calme pour tous ceux qui se préparent à de hauts desseins ; souvent les formes frivoles dérobent au vulgaire les choses sérieuses.

---

[1] C'est à son retour de Venise et de son exil auprès de Madame Renée de France, que Marot publia la traduction de ses Psaumes en vers français, 1537.
[2] Brantôme dit : On ne pouvoit tant en imprimer qu'il ne s'en desbitât davantage. Voyez l'*Histoire ms. de Henri II*.

V. — 1537-1540.

La fin du règne de François Ier les quatorze années qui s'écoulèrent depuis le mariage du duc d'Orléans avec Catherine de Médicis jusqu'à la mort du roi (1532-1547) sont très-remarquables par les caractères agités et sérieux des événements : la grande guerre de l'empereur Charles-Quint contre François Ier, à peine apaisée, recommence encore plus irritée, plus sanglante ; les Allemands et les Espagnols envahissent la Provence avec des forces immenses. En vain le pape se porte comme médiateur[1]. Il est à peine écouté, même quand il fait un appel à la chevalerie pour expulser les Turcs de l'Europe.

La cour, presque toujours à Fontainebleau, n'avait alors qu'une seule préoccupation : maintenir parmi la noblesse de France cet esprit de chevalerie qui la faisait se dévouer au pays, à la royauté. Placée entre Diane de Poitiers, la belle et jeune duchesse d'Étampes et la reine Marguerite, si aimée du roi son frère, Catherine de Médicis devait essentiellement s'effacer, et c'est autant par nécessité que par goût qu'elle s'abandonnait aux distractions bruyantes avec le désir immense de plaire au roi, le souverain maître et seigneur. Catherine de Médicis jusqu'ici ne pouvait prétendre qu'au second rang dans la hiérarchie ; car, en supposant la mort de François Ier, il y avait un dauphin pour lui succéder : la seule ambition possible et réalisable pour les jeunes époux (le duc et la duchesse d'Orléans), c'était qu'à la suite de la guerre entre l'empereur Charles-Quint et le roi, ils pussent recevoir l'investiture ou du duché de Milan, ou de celui d'Urbin, et d'obtenir ainsi un bel établissement en Italie. Catherine de Médicis serait revenue à ses goûts, à son pays natal, à son soleil, au séjour de cette belle Italie qu'elle avait quittée à regret pour obéir à la politique de sa maison.

Mais un événement sinistre, inattendu, vint tout à coup changer cette destinée : le dauphin de France, qui suivait le roi dans la guerre de Provence, mourut subitement à Tournon[2]. Cette mort était fort naturelle : le dauphin, jeune homme ardent au plaisir, impétueux de caractère, s'était violemment échauffé au jeu de paume ; tout en sueur, il avait bu un verre d'eau glacée : le soleil rayonnait ardent au ciel, l'été était sec et pestilentiel ; le dauphin fut saisi d'une pleurésie, et en quatre jours il mourut à Tournon. Le roi François Ier en fut profondément affecté, et tout aussitôt, autour de lui, se firent entendre les murmures d'empoisonnement et les accusations les plus atroces. Les uns dirent que Charles-Quint était la main secrète qui avait dirigé ce coupable dessein ; comme si le puissant empereur, qui aspirait à la destinée de Charlemagne, avait besoin de recourir à de misérables assassinats ! Les autres murmurèrent le nom de Catherine de Médicis : le pamphlet atroce attribué à Henri Etienne, sous le titre de *Discours merveilleux de la vie y actions et déportements de la reine Catherine de Médicis*[3], accuse formellement Catherine de Médicis d'avoir versé du poison dans la coupe du dauphin. Il y a d'abord un étrange alibi historique :

---

[1] Pour tous les événements du règne de François Ier, comparez : *Négociations de du Bellay* ; Sleidan, *Commentar.*, et Paul Jove, *Hist. sui temporis*.
[2] 15 juillet 1536. Comparez, sur la mort du dauphin, Sleidan, Comment., liv. X, et Arnold Ferron, *de rer. gallicar.*, liv. VIII.
[3] Ce pamphlet, plusieurs fois réimprimé, se trouve reproduit, avec une grande exactitude de texte, à la suite du *Journal de Henri III*, édition de Lenglet Dufresnoy. C'est une ignoble déclamation écrite à l'usage d'un parti.

Catherine de Médicis, qui ne suivait ni le roi ni le dauphin à la guerre, était restée à Fontainebleau, et, en 1536, elle avait à peine dix-sept ans. Comme il est probable qu'une jeune femme, tout entière à ses distractions et aux plaisirs, ait chargé un écuyer, un gentilhomme de verser du poison dans une coupe en plein midi pour se débarrasser du dauphin de France !

Un procès fut suivi devant une commission spéciale à Lyon. Le comte de Montecucculi, arrêté, accusé, mis à la question, avoua qu'en effet le dauphin avait été empoisonné avec du sublimé corrosif ; mais il fit porter cette accusation sur dom Leva et Gonzague, les généraux de l'empereur Charles-Quint, accusation aussi fausse, aussi absurde que la première, dirigée contre Catherine de Médicis[1]. C'est qu'alors ou avait besoin de soulever l'opinion politique contre Charles-Quint et les Espagnols, qui commençaient une guerre à outrance contre François Ier. La Provence était envahie, et aux temps de crise tout se fait et s'écrit pour le besoin des circonstances : on accusa l'Espagne, parce qu'on voulait la combattre, comme plus tard, les huguenots accusèrent Catherine de Médicis de tous les crimes, parce qu'ils voulaient la perdre. Ceux qui ont vécu aux époques de partis s'expliquent très-bien ces ardentes accusations : tout est arme alors, et rien n'est justice dans les mains ennemies.

Le comte Montecucculi fut condamné à être écartelé, par arrêt de la commission[2]. Les aveux recueillis signalent toujours la cour d'Espagne comme complice de l'attentat ; mais ce qui fit frapper impitoyablement le comte Montecucculi, c'est qu'on trouva sur lui un traité complet sur l'origine et l'emploi des poisons, science coupable et pratiquée. La chimie, ou analyse des essences, d'origine italienne, était arrivée à un point de perfectionnement dont on n'a pas une idée exacte. La parfumerie de Florence était d'une délicatesse, d'un fini extrême, et l'essence suave cachait souvent le poison, comme la fleur dérobe et couvre l'aspic et la couleuvre. Il suffisait de mettre une paire de gants, de respirer un mouchoir trempé d'essence pour tomber roide mort, comme frappé de la foudre. Par quelle combinaison était-on arrivé à de si terribles résultats ? il n'en reste aucune trace considérable. Il faut croire qu'il y a souvent de l'exagération, du roman au milieu de ces mémoires. Dans la guerre civile, on n'admet aucune mort naturelle : on voit le crime partout et particulièrement dans la main d'un ennemi, sans doute pour autoriser les représailles et les vengeances. Le comte Montecucculi fut frappé, moins comme coupable que parce qu'il fallait soulever l'opinion contre l'Espagne et l'empereur Charles-Quint[3], l'adversaire de François Ier ; car la guerre recommençait violente, implacable entre les deux couronnes.

---

[1] On la trouve pourtant répétée par Malherbe :
> François, quand la Castille, inégale à ses armes,
> Lui vola son Dauphin,
> Sembla d'un si grand coup devoir jeter des larmes
> Qui n'eussent point de fin.
> Il les sécha pourtant, et, comme un autre Alcide,
> Contre fortune instruit,
> Fit qu'à ses ennemis d'un acte si perfide
> La honte fut le fruit.

[2] Arrêt du 7 octobre 1636. Il faut bien distinguer en histoire les arrêts des Commissions de ceux du Parlement. Les légistes n'admettaient pas la légalité des Commissions.

[3] Les armées de l'empereur Charles-Quint envahissaient la Provence et assiégeaient Marseille, 1537.

VI. — 1540-1547.

Par la mort de Mgr le dauphin de France, le duc d'Orléans prenait ce titre, comme aîné de la race, et Catherine de Médicis devenait dauphine, c'est-à-dire qu'en elle était désormais la source directe de la lignée royale : elle avait alors dix-huit ans, et le dauphin dix-neuf. Il semblait qu'une conformité d'âge et de goût dût passionner ces deux cœurs l'un pour l'autre. Mais alors se développait l'ascendant un peu étrange de Diane de Poitiers sur le dauphin. Diane avait trente-huit ans[1] ; elle aurait pu être la mère de Catherine de Médicis : elle fut néanmoins préférée. Rien n'est humiliant pour une jeune et légitime femme comme de se voir délaissée pour une maîtresse vieillie. On pardonne la domination à ce qui vous est supérieur par la jeunesse et la grâce ; mais quand on se sent plus de beauté qu'une rivale qui lient la place que le droit vous donne, l'amour-propre souffre profondément. Catherine de Médicis ne se plaignit pas : tout occupée à se maintenir dans les bonnes grâces du roi et du dauphin, elle continua sa vie de distraction bruyante et d'arts en ménageant à la fois la duchesse d'Étampes, alors la jeune maîtresse de François Ier, puis Diane de Poitiers, l'enchanteresse des jeunes années du dauphin : apprentissage de haute politique que de se tenir dans une bonne situation entre deux favorites, entre deux rivales, lorsque soi-même on appartient, comme femme, à l'un des amants intéressés dans la lutte, lorsque cette lutte surtout est si vive qu'elle entraîne la faveur ou la disgrâce, à raison de l'intrigue ou du parti triomphant[2]. Catherine de Médicis en appela à ses ressources accoutumées, à sa passion pour le luxe et les arts. Les plus habiles caractères politiques savent qu'il est des temps où le plaisir est un heureux déguisement des grands projets, où le costume le plus sûr des hautes méditations est la parure d'un bal, ou l'éclat d'un banquet à la vénitienne. Catherine de Médicis aimait l'astrologie : enfant, elle avait cru à toutes les superstitions d'Italie ; plus tard, avec beaucoup d'esprit supérieur, elle n'avait dédaigné ni les sorts ni la destinée ; elle ajoutait foi à ces grandes divinations, à ces présages qui dominaient la vie des anciens. Dans le XVIe siècle, un astrologue en renommée exerçait une puissance considérable sur toute cette société ; ses paroles étaient écoutées avec crainte et respect. Catherine eut un astrologue sous sa main pour s'en servir à ses desseins ; elle tremblait devant lui, et toutefois le dirigeait : contraste qui se rencontre souvent. Les annales de Rome antique nous disent ces peurs et ces espérances de la matrone éperdue devant la prêtresse qui murmurait les paroles sacrées. Il ne faut jamais dédaigner les oracles, admirables instruments même de la politique.

Toujours avide de plaire, au milieu des féeries mythologiques de la Renaissance, Catherine de Médicis se mit à la tête de cette bande de demoiselles dont parle Brantôme[3] qui suivaient le roi à la chasse et demeuraient avec lui jusqu'à huit ou dix jours : Je les ai vues quasi toutes mariées ces damoiselles, continue le vieux gentilhomme conteur : aussi crois-je que le meilleur temps qu'elles ont jamais eu

---

[1] Diane de Poitiers était née en 1498 : elle avait été mariée avec Louis de Brézé ; elle était restée veuve.
[2] Dans la période de 1536 à 1547, où la cour de Fontainebleau était divisée entre les deux favorites.
[3] *Les Dames illustres* ; article *Catherine de Médicis*.

et qu'on leur demande, c'est quand elles estoient filles, car elles avoient leur libéral arbitre pour être religieuses de Vénus ou de Diane. Catherine de Médicis, leur divinité, un carquois sur l'épaule, était alors parvenue à son plus haut degré de beauté : Elle estoit de fort riche taille, de grande majesté, toutefois fort douce quand il le falloit, de bonne apparence et bonne grâce, le visage beau et agréable, fort blanche aussi par le corps et la charnure belle, ainsi que je l'ai ouï dire à aucune de ses dames ; du reste, la plus belle main qui fût jamais vue : les poètes ont loué jadis l'aurore pour avoir de belles mains et de beaux doigts, mais je pense que la royne l'eust effacée en tout cela1.

Catherine de Médicis mêla très-activement les femmes dans les mœurs, les habitudes, les fêtes et quelquefois même dans les affaires publiques ; opérant ainsi une transformation dans les coutumes de la chevalerie. On ne parlait alors que de guerre et de tournois à outrance ; il y avait une certaine dureté dans les formes, dans les actes de la féodalité ; les longues campagnes en Italie, en Flandre, en Allemagne avaient endurci tous les cœurs ; on versait le sang à flots sans s'émouvoir, et cette âpre expression de guerre se trouve au plus haut point dans le vieux connétable de Montmorency : Tous les matins il ne failloit de dire ses patenostres, soit qu'il ne bougeât du logis, soit qu'il montât à cheval, et, disait-on : *Qu'il falloit se garder des patenostres de M. le connétable*, car en les marmotant, lorsque les occasions se présentoient, il s'écrioit : *Allez-moi prendre un tel, attachez celui-là à un arbre, faites passer celui-là par les piques, taillez-moi en pièces ces marauds, boutez-moi le feu partout.* Ainsi tels ou semblables mots de justice et de guerre, sans se débaucher nullement de ses paters2. Ce sont ces violentes et cruelles habitudes que Catherine de Médicis vouloit corriger par l'intervention des dames dans les plaisirs et les distractions actives des palais, des chasses du roi et des seigneurie de la cour, espérant apaiser les âmes, apprivoiser les cœurs. Un essaim de jeunes filles, qui depuis prit le nom d'escadron de la reine, arrivait toujours à propos pour orner les fêtes et préparer les entrevues avec les chefs de partis.

Les artistes, les poètes, les femmes furent les trois influences douces et gracieuses que Catherine de Médicis employa ou invoqua pour entraîner la génération féodale dans les conditions du repos et de la paix : elle passait ses journées avec le Primatice et surtout auprès de son cher Benvenuto Cellini, qui alors recevait les plus riches, les plus magnifiques encouragements3 ; Catherine de Médicis servit de modèle à Tune des six déesses en argent de grandeur naturelle que Benvenuto Cellini cisela pour les beaux appartements de Fontainebleau. L'artiste florentin lui communiquait toutes ses pensées comme à une chère compagne d'Italie qui aimait et comprenait les arts avec passion ; Catherine de Médicis calmait les caprices, les bouderies de tous ces peintres, sculpteurs, architectes exigeants, qui recevaient de toutes mains, jusqu'à des revenus d'abbayes, en échange d'une promesse de se fixer à Paris ; François Ier donnait au Rosso un canonicat de la Sainte-Chapelle, à Primatice l'abbaye de Saint-Martin de Bologne, et il offroit trois prieurés à Cellini : Je vous étoufferai dans de l'or, dit le roi à Benvenuto, et vous vous en irez après si vous le voulez.

---

1 Brantôme. La langue française d'alors était naïve comme tout ce qui est dans son enfance ; ce qui donc nous effarouche dans notre société avancée, ne blessait pas plus la génération de la Renaissance que le marbre d'une statue antique.
2 Brantôme, *Monseigneur le connétable de Montmorency*, discours 62.
3 Lisez les *Mémoires* si curieux, mais un peu vantards, comme le sont tous les artistes italiens, de Benvenuto Cellini, chap. VI.

C'est par Catherine de Médicis que vinrent en France les magnifiques poèmes de l'Arioste, du Bojardo[1], avec leurs peintures d'amour, les doux enchantements des âmes par les prestiges. On connut *Alcine, Falerine, Bradamante et Angélique*, inimitables créations. Comme on voulut les imiter, les poètes français renoncèrent au moyen âge pour ne parler que d'amour, d'arts et de beautés plastiques. Les poésies de Clément Marot respirent un parfum de quiétude antique, étrangère aux batailles. Lorsqu'on aimait tant : le temple de Cupido où folastrent les dames les plus haultaines[2], comment encore s'absorber dans des combats sanglants ?

L'œuvre que tentait Catherine de Médicis était immense, au-dessus de ses forces : quand les tendances d'une époque sont aux heurtements de partis, aux guerres publiques ou civiles, quelle est la main assez forte pour les contenir et les réprimer ! La tâche que s'imposait Catherine de Médicis n'était possible qu'après les fatigues, les luttes et l'épuisement des passions, et l'on n'en était pas là : une médiation n'est jamais admise ni acceptée que lorsque les partis reconnaissent tardivement qu'ils n'en peuvent plus et que leurs forces sont à bout. Il ne faut jamais séparer les grandes physionomies historiques des époques dans lesquelles elles ont vécu : les temps expliquent les rôles de chacun, et les passions des partis justifient souvent les mesures extrêmes des pouvoirs !

---

[1] Les premières éditions de Bojardo et de l'Arioste en France sont de 1527-1528.
[2] Les fons du temple estoient une fontaine,
Où discouroit un ruisseau argentin,
Là se baignaient mainctes dames haultaines.
(Clément Marot, *Temple de Cupido*.)

VII. — 1547-1559.

La dernière période du règne de François Ier fut encore un temps de guerre et de rivalité entre l'empereur Charles-Quint et le roi de France : il y eut des trêves1, jamais une paix sérieuse. François Ier était le seul obstacle à la réalisation de l'empire universel rêvé par Charles-Quint : voilà pourquoi il le combattait à outrance. Dans l'histoire, il est curieux de voir que cette pensée, ou, si l'on veut, cette ambition de l'empire universel, trouve toujours un obstacle grand ou petit qui l'arrête dans son développement : un grain de sable suffit pour briser la vie d'un géant. François Ier mourut le 31 mars 1547, sans laisser de vide. Ce trépas était pressenti depuis quelques mois. Henri II lui succéda comme l'aîné de sa lignée.

Catherine de Médicis était enfin reine de France. Ce titre superbe, que peut-être elle ambitionnait, ne lui donnait pas actuellement plus de pouvoir. L'autorité du roi passait par la bouche de Diane de Poitiers, plus puissante que jamais sur l'esprit de Henri II : véritable enchanteresse, digne des féeries de l'Arioste, créée duchesse de Valentinois, elle animait les palais de sa beauté, de ses grâces : chaque chevalier se parait de ses couleurs, dans les tournois qui se donnèrent pour elle. Fontainebleau, Chambord, Chenonceaux, les chiffres de Henri II et de Diane de Poitiers s'entrelacèrent pour peindre la tendre idée d'une passion qui dura jusqu'au tombeau. Néanmoins on s'est quelquefois trompé en prenant comme symbolisme de Diane de Poitiers le croissant de la lune, qui fut aussi une des devises de Catherine de Médicis2.

Étudiant cette passion si vive, Catherine de Médicis se garda bien d'entrer en lutte ; elle respecta, ou, si l'on veut, elle subit une domination adultère, et pourtant dans la seconde période du règne de Henri II elle lui donna cette nombreuse famille, branche si riche de la lignée des Valois. Quand elle n'était que dauphine, elle n'avait eu qu'un fils, François, encore enfant ; puis deux filles, Elisabeth (qui fut mariée à Philippe II)3 ; Claude (depuis mariée au duc de Lorraine)4. Marie de Médicis, devenue reine de France, donna encore à son mari Charles-Maximilien (Charles IX)5, Édouard-Alexandre (Henri III)6, Hercule (depuis François, duc d'Alençon)7 ; enfin, Marguerite (depuis mariée à Henri de Navarre)8.

Les huguenots calomnièrent l'origine de cette belle et grande lignée : ils élevèrent des soupçons sur sa légitimité, accusation vulgaire que l'on trouve à chaque page de l'histoire : ces enfants firent l'orgueil de la maison royale, et l'on ne peut dire le soin que prit Catherine de Médicis de les faire bien élever : François, l'aîné, fut fiancé à Marie Stuart, reine d'Ecosse, enfant elle-même et confiée à la cour de France. Le goût des arts et des lettres brille surtout dans cette éducation attentive. Le sang italien et français, qui se mêlait dans les

---

1 C'est durant une de ces trêves que Charles-Quint visita Paris (septembre 1539).
2 Ces devises étaient en langue latine : la première, *donec totum impleat orbem* ; la seconde, *omnium victorem vici* ; elle s'appliquait à l'amour couronné.
3 Née le 13 avril 1545.
4 12 novembre 1547.
5 27 juin 1550.
6 10 septembre 1551.
7 18 mars 1554.
8 14 mars 1552.

Valois, leur donnait à tous l'amour des lettres, de la poésie et des arts ; bien supérieurs aux Bourbons, issus de gentillâtres provinciaux, durs aux coups d'épée, mais soldats avant tout, depuis qu'ils s'étaient alliés aux races de Navarre et de Gascogne.

Le règne de Henri II est la continuation de celui de François Ier, c'est-à-dire le développement des rivalités entre la couronne de France et l'empire de Charles-Quint en Italie, en Flandre, en Allemagne, au midi, sur les frontières de Provence. Sous ce règne paraissent dans les batailles les mêmes hommes de guerre : François de Lorraine, duc de Guise, si beau de figure et de taille, le glorieux soldat du siège de Boulogne[1] (il y avait reçu une balafre au front), le défenseur de Metz contre toute une armée de cent mille hommes, conduite par Charles-Quint en personne[2]. La popularité en ce monde a toujours une cause réelle ; elle n'est pas une vaine fumée.

Les multitudes ont l'instinct des grands services rendus à la patrie : le duc de Guise avait reçu du roi le commandement de l'armée d'Italie, où la gloire l'avait suivi. Guise avait pour rival le vieux connétable de Montmorency, dur de formes, d'un courage indomptable, mais d'une capacité limitée ; le connétable conduisait l'armée de Flandre, destinée à soutenir les huguenots des Pays-Bas dans leur révolte contre les Espagnols. Aussi comptait-on dans cette armée Coligny, Dandelot, et le duc d'Enghien : elle fut douloureusement vaincue, dispersée[3]. Coligny, le maréchal de Saint-André tombèrent prisonniers au pouvoir de l'ennemi ; les Espagnols marchaient contre Paris, lorsque le roi Henri II, sur les conseils de Diane de Poitiers et de Catherine de Médicis, rappela de l'armée d'Italie le duc de Guise, le Balafré, pour lui donner le commandement si mal dirigé par le connétable de Montmorency.

François de Guise sut inspirer tant de confiance, que l'armée de France se reformant sous son épée, le parlement enregistra, sans remontrances, les lettres qui lui confiaient la lieutenance générale du royaume. Le duc de Guise s'éleva jusqu'à la hauteur d'un héros dans cette campagne ; les Espagnols furent forcés de se retirer ; la chevalerie française prit Calais sur les Anglais, entrepôt du commerce et de richesses immenses. Avec une générosité loyale, ces richesses, le duc de Guise les distribua, sans rien garder pour lui, à ses compagnons d*armes. En moins d'un mois, au cœur de l'hiver, le héros s'empara de Ham, de Guines, de Thionville. Les Espagnols renoncèrent à toute entreprise contre les frontières[4].

Catherine de Médicis avait désigné au roi le duc de Guise pour le commandement de l'armée : les pamphlets huguenots supposèrent des liens intimes et d'amour. Il y avait, selon moi, un élément plus fort, l'intérêt commun et l'instinct des partis. Ce qui faisait la puissance du duc de Guise, ce n'était pas seulement sa capacité, son courage admirable, c'est qu'il était encore la tête et le bras d'un parti, en immense majorité, les catholiques. Nulle popularité n'égalait celle du duc de Guise, surtout à Paris, parmi la bourgeoisie et le peuple ; Catherine de Médicis voulait s'assurer ce cœur et cette épée ! Une des intimités que la reine se

---

[1] Mai 1545. Ce fut le premier des Balafrés dans cette race.
[2] 1552. L'histoire de ce siège mémorable a été écrite par Bertrand de Salignac. Paris, 1553.
[3] A la triste journée de Saint-Quentin, qui fut un deuil pour Paris (mai 1557).
[4] La prise de Calais fut accomplie le 8 janvier 1568. Cette cité était restée au pouvoir des Anglais deux cent dix ans ; Edouard III l'avait prise sur Philippe de Valois.

ménagea soigneusement encore, ce fut celle du cardinal de Lorraine, Charles de Guise, frère du duc, car cette grande famille semblait ne produire que des intelligences supérieures[1]. Après des études aussi rapides que brillantes, Charles de Guise, à l'âge de quinze ans, nommé à l'archevêché de Reims, avait sacré le roi Henri II ; et de là cette puissance de cour, cet ascendant acquis sur tous, par une magnificence et une libéralité qui tenaient à la maison de Lorraine. Il fut envoyé comme ambassadeur à Rome auprès de Paul IV, qui le créa cardinal. La reine Catherine de Médicis eut, dès lors, le conseil et l'épée des Guise dans ses mains.

La guerre extérieure était finie par le traité de Cateau-Cambrésis[2] ; mais il restait à calmer sinon à guérir la plaie profonde intérieure, celle des opinions nouvelles qui se levaient contre la vieille foi catholique. Le protestantisme, au XVIe siècle, préparait une rébellion politique contre le principe d'autorité, changement notable dans l'ordre des idées, à une époque où le droit civil était mêlé au principe religieux ; il était dans le devoir du gouvernement de la société de prendre les mesures indispensables pour comprimer la guerre civile. De là ces ordonnances, ces édits, que la postérité a jugés faussement, parce que la critique les a séparés des temps dans lesquels ils furent rendus, et des opinions qui les motivèrent. François Ier, Henri II, ne punissaient pas les convictions, mais la désobéissance au principe qui constituait le pouvoir. Ce principe était-il bon ou mauvais, dans la vérité ou au dehors, telle n'était pas la question : il suffisait qu'il existât pour qu'il eût le droit de se défendre. Dans cette voie, les législations varient peu à travers les siècles : on trouve toujours les mêmes rigueurs appliquées aux faits de rébellion ; seulement les couleurs de la révolte varient et les mobiles sont changés. L'histoire offre une suite de proscriptions des partis les uns par les autres, et le pouvoir, quelque grand qu'il soit, n'est pas toujours le maître de les contenir ou de les réprimer.

---

[1] Il était né à Joinville le 17 février 1535.
[2] Signé le 13 avril 1559.

VIII. — 1559-1560.

L'action politique de Catherine de Médicis avait été tout à fait annulée par Diane de Poitiers pendant le règne de Henri II ; seulement la reine s'était rapprochée des Guise et des chefs du parti catholique, dont ils étaient la glorieuse expression. Le 7 juillet 1559 Henri II fut frappé à mort par Montgomery, dans un tournoi célébré à la rue Saint-Antoine, lice brillante et funèbre. Son successeur fut François II, jeune homme de seize ans, d'une figure charmante, élevé avec mille grâces par les soins de Catherine de Médicis. Il n'est pas sans intérêt de remarquer qu'oubliant les torts de Henri II envers elle, ou si l'on veut n'y mettant aucune importance, la reine mère manifesta une profonde douleur à la mort funeste du roi ; elle montra partout des sentiments de deuil. A cette époque de devises et de symboles, on voit sur les monuments, des chiffres, des emblèmes, qui expriment la tristesse profonde du veuvage : un miroir brisé, un arbre secoué par la tempête, et ensuite le chiffre de Catherine entrelacé dans le *H* du nom de Henri[1]. Elle ne se consola que par l'éducation de ses enfants.

François II, par les conseils de sa mère, avait épousé Marie Stuart, reine d'Écosse, fille de Jacques V et de Marie de Lorraine, duchesse de Longueville[2], sœur des Guise. Marie Stuart, d'une année moins jeune que son mari, apportait à la cour le même enthousiasme pour les arts, la poésie, les lettres ; elle improvisait des vers gracieux et parfaits, qu'elle accompagnait de son luth, et Catherine de Médicis aimait à employer ces douces influences pour calmer l'irritation des partis et en dominer les chefs : le roi, sans doute, adorait Marie Stuart et respectait sa mère, mais on se tromperait historiquement si l'on attribuait à ces causes intimes la haute puissance des Guise ; le duc et le cardinal de Lorraine étaient les expressions du parti catholique, c'est-à-dire du peuple et de la bourgeoisie, inquiets de l'attitude hostile et menaçante de la gentilhommerie huguenote : les Guise étaient puissants, parce qu'ils représentaient, avec toutes les conditions de la grandeur et de la force, l'opinion des masses et de la nationalité française. Ils purent, plus tard, manifester des ambitions personnelles pour leur dynastie carlovingienne ; mais en ce moment la force des Guise résultait de leur situation même : ils n'avaient pas besoin d'intrigues intérieures pour dominer les affaires de la monarchie, car ils étaient les pères et les sauveurs de la patrie dans la paix comme dans la guerre : voilà pourquoi les pamphlets[3] attaquaient si violemment les Guise, accusés de conjurer la ruine des Valois, pour saisir eux-mêmes la couronne de France.

Dans un de ces pamphlets de partis, on raconte comment le cardinal de Lorraine s'est emparé de l'esprit du roi, pour l'entraîner vers l'extermination des vrais

---

[1] On a quelquefois confondu le *C* de Catherine de Médicis avec le *D* de Diane de Poitiers. Toutes deux aimaient le symbole du croissant.
[2] Le mariage avait été célébré à l'église Notre-Dame, le 24 avril 1558. Le fils de Henri II, proclamé roi d'Ecosse, portait le titre de roi-dauphin avant son avènement à la couronne. C'étaient les anciens Longueville ; le duché depuis passa aux Condé.
[3] Déjà on avait écrit en vers contre la maison de Lorraine :
    Le feu roi devina ce point,
    Que ceux de la maison de Guize,
    Mettroient ses enfans en pourpoints,
    Et son pauvre peuple en chemise.

chrétiens1, c'est-à-dire des réformateurs. En politique, lorsque les écrits d'une faction se multiplient, lorsque les attaques contre un pouvoir deviennent plus ardentes, c'est qu'il se prépare une conjuration contre lui : en effet, les huguenots conspiraient avec une admirable intelligence et un secret bien gardé. A cette époque décisive pour eux, ils se divisaient en deux partis : l'un hardiment fédératif et démocratique, en rapport avec Genève et les anabaptistes des Pays-Bas, visait à une constitution provinciale et républicaine, ce qui fut toujours le dernier mot du calvinisme : ses écrits existent encore et même sur un sceau2 on voit une couronne brisée. L'autre faction conservant la forme monarchique, et en rapport avec Elisabeth, la reine d'Angleterre, appelait une nouvelle dynastie dont le prince de Condé serait la tête3 et Elisabeth la protectrice. Les huguenots voulaient proscrire à la fois les Guise, Catherine de Médicis, faire déclarer bâtards les enfants de la reine, en même temps qu'ils s'obligeaient à livrer Marie Stuart aux sacramentaires anglais. Tous ces projets n'étaient pas publiquement avoués, ils auraient été trop criminels : les partis ne sont pas assez naïfs, assez maladroits pour dire jamais leur but secret, leur dernier mot, ils cachent leurs desseins sous le manteau du bien public. Aussi que demandaient hautement les huguenots ? la convocation des états généraux, l'allégement des charges publiques et surtout le renvoi des Guise4 : ces mauvais ministres qui empêchaient les doléances des sujets d'arriver au pied du trône. Sous ce prétexte de bien public, les calvinistes se liguaient par des actes d'union ; ils s'emparaient des places de sûreté ; ils avouaient leur dessein d'une prise d'armes contre Catherine de Médicis, le duc de Guise et le cardinal de Lorraine, mais toujours dans l'intérêt du roi et de la couronne.

Les choses arrivées à ce point, les chefs du parti calviniste n'attendaient qu'une circonstance décisive pour éclater ; et cet incident surgit bientôt à l'occasion du procès fait au parlementaire Pierre du Bourg. Le parlement, composé en grande majorité de fervents catholiques, avait vu s'élever dans son sein une petite minorité de politiques et de mitoyens qui ne secondait qu'à demi les mesures fermes et puissantes des Guise pour le salut public. Un très-petit nombre de ces conseillers fort savants, au reste, étaient même fortement soupçonnés d'hérésie, et parmi eux le plus ardent, le plus dévoué était Anne du Bourg, d'une bonne famille et d'une instruction solide. Catherine de Médicis et le cardinal de Lorraine convinrent de ce point très-essentiel : qu'il fallait épurer, dominer le parlement de Paris, car tout pouvoir qui n'est pas maître absolu des instruments de répression est compromis dans l'exercice de son autorité. On fit donc le procès au conseiller du Bourg5, et la poursuite ne partit pas précisément de Catherine de Médicis, mais de la grande majorité du parlement, ardents catholiques sous le président Ménars. Il arriva, comme pour aggraver la situation de l'accusé, qu'un coup d'arquebuse fut tiré sur le président Ménars ; le peuple en accusa hautement les huguenots et demanda instamment que le procès fût suivi et l'arrêt prononcé dans toute sa rigueur : du Bourg, condamné comme hérétique, fut brûlé en place de Grève avec une grande solennité : messieurs de la ville y

---

1 *Discours de la mort du roi Henri II*, 1559.
2 L'abbé Barthélemy fit hommage de ce sceau à la Convention nationale ; il fut déposé à la Bibliothèque.
3 Le prince de Condé devait prendre le titre de Louis XIII.
4 Parmi tous ces pamphlets, il en est un très-remarquable. *Les Estats de France opprimés par la tyrannie des Guise, au Roy, leur souverain seigneur*, 1560.
5 Le procès d'Anne du Bourg est imprimé, et on le trouve dans la collection Fontanieu, 1559-1560.

assistèrent en robe d'échevinage et rien ne fut plus populaire parmi la bourgeoisie1 Ainsi était l'époque : il ne faut pas en rechercher la cause, mais constater le fait.

Les calvinistes y virent une audacieuse résolution de réprimer leur parti2, et ils avaient raison : le temps était venu d'éclater et tous les préparatifs s'accomplirent silencieusement sur les divers points delà France. Coligny, Dandelot, Condé étaient en rapports avec Elisabeth d'Angleterre, les sacramentaires, les anabaptistes, les calvinistes des Pays-Bas, de la Suisse, de l'Allemagne, de l'Angleterre : des secours étaient promis ; on devait d'abord s'emparer du roi François II, de sa mère Catherine de Médicis et de Marie Stuart. Une fois maître de la famille, on proscrirait les Guise ; ensuite on se prononcerait sur la meilleure direction qu'on pourrait donner à la victoire obtenue soit en faveur de la royauté de M. le prince de Condé, soit au profit de la démocratie fédérative telle qu'elle était pratiquée à Genève et aux Pays-Bas. Afin que rien ne fût trop dessiné, le mouvement d'insurrection fut placé sous la direction nominale d'un gentilhomme du Périgord du nom de Godefroi Barri, seigneur de la Renaudie, réfugié à Genève, puis en Angleterre où à plusieurs reprises il avait été reçu par la reine Elisabeth ; il avait également vu à Paris le ministre Chaudieu, dont le nom était cher à tout le parti calviniste (l'ami et l'admirateur de Calvin et de Bèze).

Le plan militaire était ainsi conçu3 : chacun des cercles qui composaient la fédération huguenote devait élire un chef et choisir cinq cents cavaliers et mille hommes de pied, en tout cinq mille cavaliers et trente mille soldats. A un signal donné toutes ces troupes, d'abord séparées et partant des divers points du royaume même les plus éloignés, devaient marcher sur Blois et se trouver sous ses murailles à un jour et à une heure fixes : là on devait enlever le roi et Catherine de Médicis sa mère ; puis convoquer les états généraux qui seuls avaient le droit de prendre une résolution définitive sur la religion et la politique de la France. L'exécution du coup de main fut fixée au 16 mars.

Le duc de Guise eut le premier avis de la conjuration par la voie des catholiques d'Angleterre qui signalaient les menées du parti protestant auprès d'Élisabeth, alors inquiète des desseins de Marie Stuart. Toutes ces indications premières au reste, vagues, indirectes, ne pouvaient suffisamment diriger les démarches du duc de Guise pour une vive et prompte répression ; d'autres informations lui parvinrent par la voie du parti parlementaire qui voulait une réformation dans l'État, mais sans violence et sans guerre civile4. L'esprit calme et tempéré de Catherine de Médicis penchait pour ce dernier parti ; car elle craignait un de ces chocs violents qui aurait mis le pouvoir ou aux mains de Coligny, de Dandelot, ou bien qui aurait pour ainsi dire couronné les ducs de Guise ; elle insista dans le sens des concessions à faire en faveur des huguenots. Un premier édit fut promulgué pour assurer la liberté de conscience5 et jusqu'à un certain point pour

---

1 *Registres de l'hostel de ville*. Procès-verbal, mss. Colbert, 262, p. 196.
2 Les calvinistes firent une complainte touchante sur le supplice du conseiller Anne du Bourg, et sur sa mort pleine de calme, 1560.
3 Relation et information d'une émeute dans la ville de Nantes, causée par ceux de la religion. (Mss. Colbert, vol. XXVII).
4 Voy. *Avertissement et complainte au peuple françois, ensemble l'histoire du tumulte d'Amboise*, 1560.
5 L'édit de liberté est du 28 février 1560 ; il fut scellé par le chancelier Olivier deux jours après la promulgation.

l'indépendance du prêche ; Coligny paraissait satisfait, et néanmoins la conjuration de La Renaudie marchait toujours dans des proportions menaçantes. Les conjurés, de toutes parts, prenaient les armes en indiquant le château de Blois de la pointe de leur arquebuse. Là résidaient le roi et sa mère.

Le cardinal de Lorraine et le duc de Guise, son frère, n'avaient consenti que forcément à l'édit de liberté de conscience ; comme ils avaient l'instinct admirable des partis, ils savaient bien qu'on les calme peu par des concessions et qu'on ne les réprime que par la fermeté ; le duc de Guise eu acquit la preuve par sa correspondance intime ; il vint en toute bâte à Blois trouver la reine Catherine, Marie Stuart et le jeune roi qui devaient être enlevés simultanément par les calvinistes et les mécontents. Catherine de Médicis, profondèrent convaincue des dangers que ferait courir à la royauté la conjuration des huguenots, consentit aux deux propositions que lui faisait le duc de Guise : 1° se renfermer avec le roi au château d'Amboise pour se mettre à l'abri d'un coup de main ; 2° donner au duc des pouvoirs illimités comme lieutenant général du royaume[1]. L'autorité ainsi fortement constituée, la situation devait être sauvée.

Le duc de Guise était à la tête du parti catholique, et quand on est ainsi reconnu et salué par une grande opinion, les forces ne manquent pas. Avec une intelligence merveilleuse, le duc de Guise distribua les troupes royales de manière que les bandes de huguenots furent surprises séparément, à mesuré qu'elles se rendaient vers le lieu désigné par La Renaudie. Ce gentilhomme lui-même fut tué d'un coup de pistolet à la tête de sa petite troupe : le reste des rebelles se dispersa[2]. La royauté des Valois fut ainsi préservée par des mesures inflexibles. On fit à Amboise d'inexorables exécutions aux créneaux des vieilles tours. Les gravures du temps[3], déposées aux grands dépôts, disent à quel point de cruauté les partis arrivent quand les opinions se heurtent, même dans la sphère des théories et des principes. Catherine de Médicis fut entièrement étrangère à ces inflexibilités sanglantes des arrêts d'Amboise. La lieutenance générale, c'est-à-dire la dictature la plus absolue, était aux mains du duc de Guise, proclamé sauveur de la patrie par le parlement de Paris, et le duc agissait contre les gens de guerre suisses, reîtres, lansquenets, au service des huguenots, comme les consuls de Rome envers les légionnaires après une révolte réprimée[4].

L'impression produite par cette exécution fut considérable ; la paix publique se rétablit partout, comme il arrive après toute conjuration découverte et punie. Le prince de Condé fit sa soumission avec trop d'empressement pour rester dans sa dignité. Coligny et Dandelot, qui avaient joué un rôle équivoque, échappèrent aux poursuites par des bassesses. La popularité du duc de Guise grandit de toute la hauteur du service qu'il avait rendu : il fut l'homme du parlement, de la bourgeoisie et du peuple !

---

[1] *Pouvoirs obtenus par le duc de Guise du roy François II.* Amboise, 1559-1560.
[2] Un grand nombre d'estampes furent gravées sur l'exécution d'Amboise. Bibliothèque imp. (règne de François II.)
[3] Collection du cabinet d'estampes. Bibliothèque imp., 1560.
[4] Lettre du roi François II. Mss. Colbert, vol. XXVIII, 9 avril 1560.

IX. — 1560-1561.

La répression violente de la conjuration d'Amboise mettait un pouvoir si grand dans les mains du duc de Guise[1], que l'esprit tempéré de Catherine de Médicis dut s'en alarmer. Elle détestait toutes les mesures extrêmes : apaiser, concilier les opinions était sa devise. Elle voyait les catholiques s'organiser et triompher sous Marie Stuart et les Guise. Marie Stuart, avec toutes les douceurs de formes et une véritable poésie de langage, était un esprit entier, convaincu, décidé aux grandes choses, aux aventures politiques[2] ; elle poussait François II aux entreprises conformes au vigoureux esprit des Guise, tandis que Catherine de Médicis s'efforçait de fondre les partis, même sans nuances, afin d'assurer un règne paisible à son fils avec le triomphe des arts, de la grâce, de la galanterie ; elle pensait qu'au temps des guerres civiles, il faut apaiser, affadir même les âmes, parce qu'elles ont toujours assez d'énergie, et qu'il vaut mieux se couronner de fleurs que de lauriers ensanglantés.

Il n'est pas inutile de remarquer que Catherine de Médicis choisit pour ses conseillers intimes deux magistrats d'une modération extrême et qu'on aurait pu considérer comme favorables au parti scientifique des novateurs : je veux parler de Michel L'Hospital qu'elle fit chancelier[3], et du président de Thou, le rédacteur de la plupart des édits de ce règne ; de sorte qu'il se trouve une évidente contradiction dans les jugements que l'histoire vulgaire porte sur Catherine de Médicis. Si l'on fait l'éloge de L'Hospital et de de Thou, esprits supérieurs, comment se montre-t-on si sévère à l'égard de la reine mère qu'ils servaient ? Comment des hommes de science et d'honneur se seraient-ils faits les instruments d'un système s'il eût été si odieux[4] ! La complicité n'est-elle pas aussi coupable que l'attentat ? C'est que Catherine de Médicis représentait le parti modéré, tout en donnant au parti catholique les gages qu'il pouvait souhaiter, par l'édit de Romorantin sur les juridictions ecclésiastiques[5]. Le conseil, dominé par Catherine de Médicis, convoqua les notables, promit les états généraux pour décider nationalement enfin les questions religieuses qui agitaient la société, car les huguenots partout remuaient encore dans les provinces. Comme tous les partis ardents et en minorité, quand on les ménageait, ils se croyaient redoutés et à la veille d'une victoire. Il était donc difficile d'opérer une pacification des âmes au milieu de ces intérêts et de ces passions.

L'assemblée des notables réunie à Fontainebleau n'avançait pas ; le parti des modérés, des légistes sous le chancelier de L'Hospital, provoqua la convocation réelle des états généraux à Orléans, le rêve des parlementaires. Dans l'intervalle de cette convocation, un événement considérable était arrivé : la mort du roi François II[6], dont le règne avait duré un peu plus d'une année. C'était un coup porté à la puissance des Guise : avec François II s'éteignait le crédit gracieux et dominateur de Marie Stuart, si favorable aux catholiques. La reine mère saisissait

---

[1] Le parlement confirma la lieutenance-générale (avril 1560), en faveur du duc de Guise.
[2] Le roi François II et Marie Stuart visaient à la couronne catholique d'Angleterre.
[3] 15 juin 1560.
[4] L'Hospital resta chancelier de Catherine de Médicis dix ans, jusqu'en juillet 1570, qu'il se retira pour cause de maladie.
[5] Édit du 5 juin 1560.
[6] 31 juillet 1560.

la suprême direction des affaires de France : il j aurait une minorité de roi pour quelques années.

Le prince qui prenait le nom de Charles IX, né le 27 juin 1550, avait donc dix ans cinq mois lorsqu'il monta sur le trône1. Doué d'une figure charmante, il était aimé de prédilection par sa mère, qui lui avait inspiré quelque chose de ses goûts pour la poésie, les sciences et les arts. Charles IX dessinait avec grâce en souvenir des Médicis de Florence, il chantait, en s'accompagnant de son luth, de jolis vers de sa composition enfantine. Mais son goût le plus vif était pour la chasse dans les bois ; il sonnait du cor avec une force immense, courait le cerf et le sanglier, aimant ensuite à lire les grandes prouesses et déduits de la chasse dans les vieux livres de chevalerie couverts de beau velours à mille fleurs de lis d'or. Catherine de Médicis en avait fait l'enfant de son plus grand amour : d'après les lois fondamentales de la monarchie, elle aurait pu prendre la régence unique ; son esprit conciliant lui fit préférer un gouvernement partagé avec un lieutenant général du royaume, afin de balancer son pouvoir unique, et Catherine de Médicis ne continua pas à conférer ces hautes fonctions au duc de Guise, choix trop tranché pour ne pas mécontenter les huguenots. Elle lui préféra le roi de Navarre, caractère hésitant entre la vieille et la nouvelle foi. Les Guise, chefs de partis trop puissants, pouvaient compromettre la pacification. Nul prince ne fut plus loué à son avènement par les calvinistes que Charles IX sous le gouvernement de sa mère ; ils le présentèrent comme l'élu de Dieu destiné à sauver son peuple et à rechercher la connaissance de la loi, gentil prince qui chasserait l'idole2, c'est-à-dire le pape. Ces sonnets calvinistes à l'éloge de Charles IX se chantaient le soir avec les psaumes de Clément Marot dans le Pré aux Clercs.

Catherine de. Médicis composa le conseil des sommités de tous les partis, sous la lieutenance-générale du roi de Navarre : on y comptait les cardinaux de Lorraine, de Bourbon, de Tournon, Guise et Châtillon (esprits très-divers et hostiles) ; le prince de la Roche-sur-Yon, les ducs de Guise, d'Aumale, d'Étampes, le chancelier de L'Hospital, le président de Thou. Dans ce conseil, les éléments et les chefs de la guerre civile étaient nuancés, confondus sous une haute habileté ; la reine mère espérait — c'est un peu l'erreur et la faiblesse des intelligences supérieures et nécessairement conciliantes —, qu'en mettant en présence même les plus opiniâtres opinions, celles-ci s'atténueraient ou s'adouciraient par le frottement journalier, sous la main douce et facile d'une femme.

Catherine de Médicis avait fait entrer dans son plan pacificateur la convocation des états généraux, haute assemblée nationale3. Par le concours d'une majorité des trois ordres, elle espérait dominer les chefs ambitieux ; mais la mesure la plus hardie fut évidemment la réunion d'une espèce de concile ou colloque national qui se tiendrait entre les protestants et les catholiques pour se

---

1 5 décembre 1560. Il s'appelait Maximilien, comme filleul de l'empereur ; on préféra le nom de Charles comme plus royalement français et dynastique.
2 Donc, prions Dieu qu'il veuille en son escole
   Le maintenir : que la postérité
   Puisse toujours dire en cette cité :
   Ô gentil roy qui chassa leur idole !
(*Huictain au peuple de Paris*, 1560.)
3 Les états furent convoqués à Orléans (février 1560), avant Pâques (ce qui fait 1561), l'année commençait à Pâques. Leur première mesure fut un édit de tolérance en faveur des calvinistes. 11 mars 1560-(1561).

concorder et s'entendre sur les points divers de la religion et faire triompher la vérité. Par ce coup hardi d'une politique tolérante, Catherine de Médicis plaçait les deux religions sur le pied de la plus exacte égalité, et la foi catholique était atteinte dans sa suprématie. Catherine de Médicis, la propre nièce de Clément VU, écrivait au pape, son successeur, non-seulement pour justifier le colloque qui allait se tenir entre les catholiques et les protestants, mais encore pour proposer au Saint-Père d'adopter certains points de doctrines véritablement hérétiques. Voici cette lettre curieuse, surtout lorsqu'on la rapproche des opinions de l'histoire vulgaire sur le fanatisme et l'intolérance de Catherine de Médicis : Je vous proposerai, Très-Saint-Père, de supprimer le culte des images, de ne plus conférer le baptesme que par l'eau et la parole ; la communion sera donnée sous les deux espèces ; on chantera les psaumes en langue vulgaire à ceux qui s'approcheront de la sainte table ; enfin, on abolira la feste et les processions du Saint-Sacrement, parce que cette solennité est de tous les jours et de tous les temps1. Le défaut capital des esprits à concessions est d'abdiquer la pureté de leur propre doctrine par un désir extrême de rapprocher, de concilier les esprits : fondre toutes les doctrines, c'est ne plus en avoir aucune. Quand on lui faisait quelques observations sur les mauvaises empreintes qui pourraient rester dans l'esprit, par suite d'une libre discussion engagée en sa présence par les plus éloquents des ministres de la religion calviniste, Catherine de Médicis répondait : Que les évêques catholiques étaient aussi habiles clans la parole, et qu'ils réfuteraient sans doute les objections des calvinistes. L'opinion très arrêtée de Catherine de Médicis était celle du libre et calme examen, afin d'arriver à l'apaisement des esprits : erreur profonde de son intelligence libérale et scientifique. Est-ce qu'il y a jamais de conciliation possible entre des doctrines proclamées et soutenues de part et d'autre, comme la vérité théologique ? Est-ce que les passions se rapprochent et tendent jamais cordialement à s'éteindre ? Elles n'acceptent jamais d'autres vérités que celles qu'elles se sont faites. Le colloque de Poissy n'aboutit à rien et ne finit rien ; Catherine de Médicis s'y montra favorable aux opinions tempérées du calvinisme, à Bèze, l'ami de Calvin, dont la parole modérée lui avait plu singulièrement ; elle répétait aux obstinés : Vous voulez donc agiter toujours ce pauvre royaume ! Catherine de Médicis avait raison dans le grand but qu'elle se proposait, elle essayait l'impossible : les opinions catholique et huguenote n'en étaient pas à ces rapprochements, à ces fraternisations. Les esprits modérés ne pouvaient gouverner longtemps dans l'agitation des âmes. La reine mère avait fait sceller par L'Hospital un nouvel édit de tolérance et de concessions mutuelles entre le prêche et la messe3. Dans les époques agitées, les pouvoirs qui veulent trop tenir la balance égale n'obtiennent que le résultat négatif de demeurer en dehors des faits réels et des passions vivaces : alors les partis irrités se choisissent des chefs nouveaux en qui ils mettent leur confiance. Il n'y a d'autorité puissante sur les masses qu'à la condition expresse de vivre de leurs opinions ; pour maîtriser les partis, il ne faut pas se séparer de leurs intérêts, parce qu'alors ils vous méconnaissent et vous renient, afin d'agir librement selon leurs caprices.

---

1 Cette lettre est dans les mss. Béthune (Biblioth. imp.), vol. coté n° 8476 ; elle est presque audacieuse.
2 Le colloque de Poissy se tint le 9 septembre 1561. Il existe plusieurs gravures qui le reproduisent. Catherine de Médicis et le roi Charles IX présidaient le colloque.
3 Édit de janvier 1562. *Registres du Parlement*, vol. Z, fol. 225 ; Fontanon, IV, 267.

X. — 1561-1563.

Le chancelier de L'Hospital restait le ministre dévoué de Catherine de Médicis pour les hautes affaires politiques, scellant tous les édits ; mais la reine mère se réservait toujours à elle-même la direction intime et habile qu'elle exerçait sur tous ceux qui l'entouraient à la cour. Elle avait alors quarante-deux ans ; les portraits et les estampes qui la reproduisent à cet âge, la représentent encore belle et noble, avec l'œil fin, spirituel ; sa parole, selon le dire des contemporains, avait quelque chose de doux, de persuasif, d'attrayant qui entraînait les cœurs vers elle ; sa compagnie restait joyeuse, toute composée de jeunes filles dont Brantôme nous a laissé la liste ; puis des peintres, sculpteurs, musiciens à qui elle devait ses plus doux instants. Partout, dans ses résidences royales, elle organisait des ballets, fêtes et pompes. Les huguenots ne lui pardonnaient pas cet esprit léger et mondain, en opposition avec les formes austères du calvinisme[1]. La cour de Catherine de Médicis, brillante sous ses ornements d'or et de soie, respirait un parfum de luxe et d'élégance. Tous les objets artistiques qui appartiennent au règne de Charles IX sont d'un goût parfait et d'une ciselure qui rappelle l'art florentin ; les vêtements sont de velours et de soie, les draperies vénitiennes. Ce luxe amollissant avait sa pensée politique : on vivait en pleine guerre civile, l'odeur de sang enivrait toutes les têtes ; les soldats de ce temps étaient marqués d'un type primitif et sauvage y sans douceur et sans merci. Catherine de Médicis voulut les ployer par la mollesse des arts, des fêtes et des amours. Le gracieux escadron des filles de la reine, dont Brantôme a fait le dénombrement, tendait ses arcs et ses flèches si douces aux catholiques, aux huguenots, aux politiques[2] ! Catherine excitait les tendres émotions, présidait aux mariages, à tout ce qui pouvait enlever quelque chose à l'âpreté des cœurs et à l'énergie des consciences ; elle calmait, elle apaisait, et c'est un rôle très-difficile et plus dangereux qu'on ne croit dans les guerres civiles, car on y laisse souvent sa renommée et la vie. Des Guise elle passait aux Coligny, de Castelnau à Tavannes ; partout éclataient des opinions ardentes qu'elle devait calmer, apaiser, caresser par raille fibres diverses, et il est impossible que dans ce pénible labeur on ne laisse pas quelques lambeaux de sa loyauté ou quelques fragments de sa franchise. Toujours négocier suppose une abdication de la vérité absolue et du moi humain ; on doit incessamment ménager les idées et les hommes en dehors de vous, et cette souplesse de moyens peut être facilement confondue avec la finesse qui trompe et la ruse qui se joue des serments et de la conscience.

Catherine de Médicis, catholique par son éducation, avait néanmoins une tendance très-prononcée pour les sommités conciliantes du parti huguenot ; le caractère de Bèze lui plaît ; elle se prend presque de passion pour le prince de Condé, car elle le sait aimable, et à la tête de son parti : Mon cousin, lui écrit-elle, je vous remercie de la peine que prenez si souvent me mander de vos nouvelles et pour espérer de vous voir bientôt. Je ne vous ferai plus longue lettre et vous prie vous assurer que n'oublierai jamais ce que faites pour moi, et si je meurs sans avoir le moyen de le reconnoitre, comme j'en ai la volonté, j'en

---

[1] Les plus fiers d'entre les huguenots appelaient Catherine de Médicis du nom de Jézabel. Brantôme, ce grand médisant, se confond en éloges envers la reine.
[2] Consultez toujours Brantôme. Il existe dans les mss. Béthune un grand nombre de lettres autographes de Catherine de Médicis, destinées à calmer les esprits.

laisserai une instruction à mes enfants1. Ainsi Catherine de Médicis gagnait les cœurs les plus hostiles, à l'autorité du roi, car le prince de Condé avait été un des chefs de la conspiration d'Amboise, et la reine mère l'oubliait : gentilhomme aimable, adorant les plaisirs, les bals et les fêtes, la reine avait saisi M. le prince par son côté faible ; elle l'accablait sous mille lacets d'amour. Le roi de Navarre, le connétable de Montmorency, Coligny, Dandelot, les Guise eux-mêmes, si puissants, si passionnés dans leur opinion, subissaient l'irrésistible ascendant de cette reine, grave avec le chancelier de L'Hospital, le président de Thou, pour les affaires d'État, rieuse et folâtre avec les élégants gentilshommes, entourée de ces jeunes filles dont parle Brantôme2 : Qui depuis les avoit connues toutes mariées, cherchant à apaiser par la galanterie les appétits sanglants de la guerre civile.

Catherine de Médicis employait dans ce but généreux le noble sentiment des arts qu'elle tenait de sa race, et dans les moments les plus difficiles elle élevait de riches constructions, de splendides châteaux. C'est un peu après la conspiration d'Amboise, qu'elle donna les ordres elle-même à Philibert de Lorme et à Jean Bussan, architectes et dessinateurs, pour dresser le plan du château et jardins des Tuileries, qu'elle voulait élever sur un terrain aride et argileux. Catherine de Médicis en posa la première pierre3. A l'origine, ce château, depuis gâté et enlourdi par Henri IV, consistait dans le pavillon du centre, soutenu et embelli par de petites colonnes à torsades et des statuettes à la florentine, accompagné de deux galeries très-légères, qui s'étendaient jusqu'aux pavillons de côté ; les jardins, dessinées comme ceux du palais Pitti de Florence, se composaient de parterres, charmilles, bosquets, espaliers, exposés au soleil du midi, comme les villas de Rome. Charles IX tout jeune homme corrigea de sa main les primitifs dessins de Philibert de Lorme. C'était une race d'artistes que celle des Valois4, dotée de toute la gr&ce italienne et de l'esprit français par excellence.

Avec ce caractère plein d'imagination, il n'est pas surprenant que Catherine de Médicis, comme artiste, ait souvent consulté les astres et vécu dans le domaine des choses surnaturelles : les superstitions colorées sont souvent les oracles du génie. Philibert de Lorme disait de Catherine de Médicis qu'elle avait tracé la plupart des monuments que lui n'avait fait ensuite qu'exécuter à Fontainebleau, Anet et Chambord, résidences royales5. La croyance aux choses surnaturelles est d'ailleurs inhérente à tous les esprits supérieurs qui commandent aux destinées des peuples : quand on est placé si haut, on a besoin de toujours regarder les cieux. Qui jamais a pu être surpris que Catherine de Médicis vînt consulter un astrologue savant et expérimenté ? L'astrologue était la pensée et la main d'un système ; quelquefois l'espion adroit qui pénétrait plus son secret, le conseil intime, l'exécuteur des œuvres ; il révélait à Catherine de Médicis la pensée de ses ennemis, le dernier mot de leurs projets ; il servait d'intermédiaire pour rapprocher ou désunir, selon la politique de la reine mère. L'astrologue en faveur

---

1 Lettres envoyées par la Royne à Monseigneur le prince de Condé, par lesquelles elle le prie d'avoir en recommandation l'état de ce royaume. Paris, 1562.
2 Brantôme, liv. VIII.
3 En 1564.
4 Quelques dessins de Charles IX existent encore en original : ils sont d'un goût parfait comme ses poésies.
5 En parlant des Tuileries, Philibert de Lorme dit : La Royne mère fut le principal architecte et ne me laissa que la partie de la décoration. Voyez son ouvrage *Nouvelles inventions pour bien bâtir*. Paris, 1580.

était un Florentin dévoué à la pensée de Catherine de Médicis, et qui la dominait quelquefois en la servant. J'ai recherché très-sérieusement quels pouvaient être les rapports de Catherine de Médicis avec Cosmo, ou avec d'autres astrologues italiens de Florence et de Venise : je n'en ai trouvé nulle trace, si ce n'est pour la conjuration de La Molle et Coconas dans laquelle Cosmo parait s'être séparé de la reine mère. Les astrologues, physiciens, parfumeurs, baigneurs, étaient tous Italiens au service de chaque gentilhomme ; ils savaient bien des secrets, parce qu'on les mêlait à toutes les intrigues de politique et d'amour.

XI. — 1561-1563 (suite).

Les chefs modérés des catholiques et des huguenots pouvaient se rapprocher de la cour, s'assouplir sous la main gantée de Catherine de Médicis, mais ces partis considérés eux-mêmes restaient debout avec leurs passions et leur volonté ardente et vigoureuse. Les édits de pacification avaient concédé aux huguenots tout ce qu'ils pouvaient raisonnablement souhaiter, la liberté de conscience et du prêche. La plupart de leurs chefs étaient dans le conseil du roi ; Catherine de Médicis les aimait de prédilection, parce que leur langage était doux et respectueux, et c'est ainsi qu'ils aspiraient à la domination souveraine. Du fond de sa retraite de Genève, Calvin écrivait à M. de Poet[1] : Que le roi fasse des processions tant qu'il voudra, il ne pourra empêcher les progrès de notre foy ; surtout ne faites faulte de défaire le pays de ces zélés faquins qui exortent le peuple par leur discours à se bander contre nous, et veulent faire passer notre croyance pour rêverie : pareils monstres doivent estre estouffés comme fis ici à l'exécution de Michel Servet, Espagnol. C'est dans ce langage, d'une fierté sauvage, que s'exprimait le pontife du calvinisme.

Le parti huguenot ne suivait que trop à la lettre les sombres avis de Calvin : dans les provinces du midi il avait les armes à la main, et à Paris il publiait d'odieux pamphlets contre le roi Charles IX, qu'il avait tant caressé à son avènement, et contre Catherine de Médicis, qui lui tendait la main pour l'apaiser. La correspondance des gouverneurs de province annonçait partout les excès des calvinistes, pilleurs d'églises, de monastères et de cités catholiques[2]. Catherine de Médicis et son fils montraient une patience, une résignation qui tenaient au désir manifeste d'éviter la guerre civile, quand les âmes étaient si ardentes.

Mais les catholiques n'avaient pas la volonté de tout subir d'un parti d'insolente minorité. Ils frémissaient de colère, en voyant tant d'insultes et d'outrages faits aux objets de leur respect et de leur foi[3] Déjà le duc de Guise et le cardinal de Lorraine s'étaient retirés de la cour sous des prétextes divers ; et en présence de l'indifférence si manifeste de Catherine de Médicis, de ses tendances même pour les chefs huguenots, les Guise, unis aux chefs du parti catholique, formèrent le projet d'une Ligue ou association dans le dessein de protéger l'unité de la foi et de la nationalité, puisque le pouvoir royal restait indifférent en présence des menaces et des envahissements de l'hérésie, qui ne déguisait plus ses projets. Les cœurs étaient si enflammés qu'au premier heurtement, toute l'œuvre de la paix si bien combinée par Catherine de Médicis devait crouler. A Vassy, les catholiques attaqués, insultés par les calvinistes du prêche, à la vue du duc de Guise blessé au front, se précipitèrent sur les hérétiques avec une indicible fureur[4]. Dès ce moment la trêve fut rompue ; la guerre civile recommença dans toutes ses agitations sanglantes.

---

[1] Lettre originale de Jean Calvin à M. de Poet, grand chambellan de Navarre et gouverneur de la ville de Montélimart. Biblioth. imp., portefeuille Fontanieu.
[2] Quelques-unes de ces lettres des gouverneurs se trouvent dans les mss. Béthune. Biblioth. imp., vol. coté 8695.
[3] A Paris il y eut plusieurs séditions en 1561 contre les calvinistes.
[4] 1er mars 1562. Les calvinistes firent grand bruit au sujet de ce qu'ils appelaient le massacre de Vassy. Voyez le pamphlet *Discours de la persécution et cruauté exercée en la ville de Vassy par le duc de Guise*. C'est un pamphlet calviniste.

Il se forma pour contenir et diriger le parti catholique un conseil de trois, composé du duc de Guise, du maréchal de Saint-André et du connétable de Montmorency. Sa première résolution fut de se rendre maître de Charles IX et de Catherine de Médicis, jusqu'alors sous la main des huguenots, et pour cela ils devaient les conduire à Paris, au sein de la bourgeoisie et du peuple, très-ardents catholiques. Fontainebleau, où était alors la cour, la reine Catherine de Médicis était trop libre de manifester ses penchants et de faire ses confidences au prince de Condé surtout, à qui elle écrivait ses craintes, ses douleurs, en l'invitant à lui prêter secours. Condé lui répondait : Qu'avant toute chose il devait s'emparer d'Orléans pour y mettre monseigneur le roy[1]. C'est parce que les chefs catholiques savaient ces projets qu'ils avaient résolu de placer Charles IX à l'abri des influences huguenotes, en le conduisant lui et sa mère dans la bonne ville de Paris.

Catherine de Médicis et Charles IX furent parfaitement accueillis par les bourgeois et le peuple ; mais dès ce moment, ils durent voir qu'ils n'étaient plus les maîtres de la direction politique ; il n'y avait plus de négociation possible avec les chefs du calvinisme : tout ascendant de la reine mère s'effaçait pour passer aux mains des Guise. Paris manifestait une ardeur toute belliqueuse : on armait la bourgeoisie, les chaînes étaient tendues ; les plus ardents d'entre les bourgeois étaient nommés capitaines de quartiers pour la protection de la ville, tandis que le noble duc de Guise partait à la tête de l'armée catholique pour combattre les huguenots qui avaient pris les armes. Dans la sanglante bataille de Dreux[2], Guise resta vainqueur (c'était le plus grand capitaine du temps), et sa rentrée dans Paris fut une ovation immense : toutes les rues étaient jonchées de fleurs et tapissées de tentures cramoisies en l'honneur du premier des Balafrés, le sauveur de la liberté municipale.

Le sang versé dans les batailles et la guerre civile si douloureusement inaugurée répugnaient profondément à Catherine de Médicis ; conservant des espérances de paix, elle ne cessait d'être en rapports avec le prince de Condé, captif du duc de Guise après la bataille de Dreux : Monsieur le connétable, écrivait-elle à M. de Montmorency, au nom du ciel, abrégez cette guerre, car nous n'avons plus moyen de l'entretenir à la longue[3]. C'est par le prince de Condé, le chef modéré du calvinisme, que Catherine de Médicis espérait la paix, et, bien qu'il fût un des chefs avoués du parti huguenot, elle ne cessait d'avoir avec M. le prince une correspondance attentive.

Cette espérance de la paix s'offrit avec une nouvelle énergie au cœur de Catherine de Médicis après la catastrophe du duc de Guise au siège d'Orléans. Le chef adoré de l'armée catholique était frappé traîtreusement par un huguenot, gentilhomme de l'Anjou du nom de Jean Poltrot[4], un des familiers de l'amiral Coligny à qui Bèze avait prêché, de telle sorte : que s'il tuait le dit sieur de Guise, il gagneroit le paradis, car il tueroit de ce monde le persécuteur des réformés[5]. Cet attentat rendait irréconciliables les deux familles de Guise et de Coligny, naguère très-liées (l'on retrouvera la vengeance des Guise lors de la Saint-

---

[1] Voyez la curieuse correspondance sous ce titre : *Lettres envoyées par la Royne à Monseigneur le Prince de Condé, par lesquelles elle le prie d'avoir en considération l'état de ce royaume*, 1562.
[2] 22 décembre 1562.
[3] Lettre autographe de Catherine (de Médicis), mss. de Béthune, vol. coté 8694, fol. 48.
[4] 18 mars 1563.
[5] Dépêche de l'ambassadeur d'Espagne Chautoney, même date (dép. 158).

Barthélemy). Ensuite la mort du chef puissant des catholiques débarrassait le terrain de la paix d'un grand obstacle, et laissait plus de facilités aux négociations de Catherine de Médicis qui flattait, caressait le prince de Condé fort aimé dans le parti militaire des huguenots. Il n'est pas de séduction qu'elle n'employât auprès de lui pour l'enchaîner à des habitudes pacifiques. Je ne sache pas dans l'histoire une tête politique qui se donnât plus de peine, plus de labeur que Catherine de Médicis pour apaiser les âmes ardentes, toujours prêtes à verser le sang de leur ennemi ; et il n'est pas étonnant que, dans cette œuvre difficile de calme et de modération, elle fut sans cesse accusée, calomniée ! Aux époques ardentes, ce que les partis pardonnent le moins, c'est qu'on ne soit pas complètement avec eux ; ils accusent de duplicité et de tromperie les esprits tempérés ou tièdes qui cherchent un juste milieu. Enfin Catherine obtint un résultat considérable par le nouveau traité signé à Amboise entre le prince de Condé et le connétable de Montmorency[1] ; un édit de pardon et de tolérance fut rendu à la suite de ce traité[2], et la reine mère, une fois encore maîtresse de la situation, crut avoir assuré la paix du pays ; au moins avait-elle préparé une trêve, le seul résultat possible dans la guerre civile, jusqu'à ce qu'il s'élève un pouvoir assez fort pour contenir et diriger les opinions. C'est ce qui rend si sacrée la religion de l'autorité, sans laquelle il n'y a ni sécurité ni grandeur possible pour les peuples.

---

[1] 6 mars 1563.
[2] 19 mars 1563. Voyez dans Fontanon, t. IV, p. 272.

XII. — 1563-1570.

On ne peut dire la joie qu'éprouvait Catherine de Médicis chaque fois qu'une trêve était conclue : au milieu des plaisirs, des fêtes et du luxe, elle espérait user ces âmes ardentes, ces cœurs de fer et de feu, ces hommes enfin qui s'entr'égorgeaient pour des idées. Plusieurs d'entre eux déjà avaient succombé dans ces guerres terribles : le roi de Navarre, le duc de Guise ; fallait-il laisser la lutte se prolonger indéfiniment ? Catherine de Médicis poussa le désir de conciliation si loin qu'elle entreprit, chose impossible, de rapprocher les deux maisons de Guise et de Coligny que séparait un récent attentat, la mort traîtreuse du plus grand des Lorrains, arquebusé par Poltrot[1] : non-seulement un arrêt du parlement déclara l'amiral de Coligny innocent du crime de son familier, mais encore Catherine de Médicis exigea que le cardinal de Lorraine embrassât l'amiral en public. Tout cela se fit si forcément qu'en sortant de l'entrevue, l'aîné des enfants du duc de Guise, le duc d'Aumale, s'écria : Coligny, ne suis participant en cette conciliation ; je te défie toi et les tiens pour venger la mort de mon père. En politique, il y a des inimitiés inflexibles et des abnégations que nul ne peut obtenir. La vengeance est le plaisir d'une époque héroïque.

Afin d'environner le trône de plus de force et d'éclat, Catherine de Médicis voulut que la majorité du roi fût proclamée : Charles IX atteignait sa quatorzième année, âge fixé par les anciennes coutumes pour la fin de la minorité. Cette déclaration n'altérait pas le pouvoir de Catherine de Médicis ; il restait le même sur son fils ; seulement le roi, devenu majeur, exerçait une volonté plus personnelle dans l'exercice de sa souveraineté[2]. Le conseil fut formé des mêmes éléments, avec une nuance plus catholique : les huguenots s'en aperçurent bientôt, et ils attaquèrent avec plus de violence la reine mère, qu'ils avaient jusqu'ici ménagée. Des pamphlets parurent avec profusion contre Catherine de Médicis et le sieur de L'Aubespine son favori[3], en qui elle avait une absolue confiance. La reine trouva en sa chambre une lettre anonyme dans laquelle on la menaçait de la poignarder elle et son L'Aubespine, si elle ne chassait d'auprès d'elle tous les papistes ennemis de Dieu. Le parlement fut obligé de défendre, sous peine de la mort, tout libelle dirigé contre le roi et madame sa mère[4].

Cette année, Catherine de Médicis résolut un voyage avec le roi son fils dans les diverses provinces de la France. Son but tout pacifique était de se soustraire d'abord à l'influence exclusive de la bourgeoisie et du peuple de Paris trop catholique ; puis elle désirait visiter toutes les parties du royaume, étudier la force réelle de chaque opinion et des partis ; enfin, elle avait fait demander au roi Philippe II d'Espagne une entrevue sur les frontières afin d'embrasser sa fille la reine catholique : Sire, je ne veux faillir de vous dire l'aise que j'ai de voir venir une chose (l'entrevue) que j'ai tant désirée et qui, j'espère, apportera non-seulement grand contentement au roy mon fils et à moi, mais bien et sûreté au repos et conservation à toute la chrétienté[5]. Le voyage se fit sans obstacles, bien

---

[1] Voyez un curieux pamphlet sous ce titre : *Avis à l'admiral Coligny que les Guise vouloient accuser au Parlement de Paris du meurtre du duc de Guise par Poltrot*, 1563.
[2] La majorité fut prononcée en la ville de Paris le 18 août 1563.
[3] Mss. de Béthune, vol. coté 8765, fol. 65.
[4] Registre de la ville de Paris, VIII, 65.
[5] *Archives de Simancas*, cote B, 20.

que les huguenots fussent inquiets du résultat de l'entrevue : Pourquoi la reine mère conduisait-elle son fils sur les frontières d'Espagne, quel était le sens et le but du voyage ? Ce but, le voici : Très-certaine de la conjuration calviniste qui allait éclater, Catherine de Médicis allait chercher un appui dans le souverain le plus ferme, le plus ardent catholique, le roi des Espagnes ; elle avait hâte de connaître le duc d'Albe, cette tête puissante, ce héros antique qui avait juré la répression de toute révolte contre le principe d'autorité. Il faut reporter à cette entrevue1 la marche plus ferme, plus droite de Catherine de Médicis dans le sens catholique. Au milieu des grandes fêtes et des lices galantes, on résolut des mesures sévères, bien que la reine mère continuât ses caresses et ses attachements au tiers parti pour avoir son concours. Elle écrivait à M. de Montmorency sur celte entrevue de Bayonne2 : La Royne catholique ma fille s'est départie d'avec nous le 3 de mois, que le roy monsieur mon fils, l'a ramenée au m6me lieu où il l'avoit reçue, qui est sur les bords de la rivière. Nous n'avons parlé durant notre entrevue que de caresses, festoyement de bonne chère, et en termes généraux, du désir que chacun a à la continuation de la bonne amitié d'entre Leurs Majestés, et à la conservation de la paix d'entre leurs sujets, comme aussi à la vérité le principal fondement et occasion de la dite entrevue n'a été que pour avoir cette consolation de voir la dite royne ma fille.

Catherine de Médicis, en écrivant ainsi au connétable de Montmorency sur le caractère insignifiant de l'entrevue de Bayonne, voulait surtout calmer la crainte que pouvait inspirer au parti calviniste le secret de ces conversations avec le duc d'Albe3 ; Charles IX, bien qu'enfant encore, n'avait pas la prudence de sa mère, et il s'exprimait tout haut contre les insupportables desseins des calvinistes. Un jour que le prince de Condé lui adressait quelques reproches sévères au nom des calvinistes, le roi s'écria : Mon cousin, il n'y a pas longtemps que vous vous contentiez d'être souffert par les catholiques ; maintenant, vous demandez à être égaux ; bientôt vous voudrez être seul et nous chasser du royaume. Ces paroles n'étaient pas sans vérité ; les huguenots armaient partout ; à cette époque, ils formaient de nouveau le projet d'enlever Charles IX comme ils voulaient s'emparer de François II à Amboise : des cavaliers se mirent en route sous le prince de Condé, let il fallut que le roy, placé au milieu d'un carré de Suisses, se défendît l'épée à la main contre les troupes calvinistes qui caracolaient autour de lui : L'enflure est enfin crevée, dit le prudent Estienne Pasquier, et les rancunes muettes que le peuple françois gardoit dans son estomac par le heurt de deux religions, s'est éclaté tout d'un coup avec une fureur indicible4. La bataille de Saint-Denis, qui suivit le retour de Charles IX, fut un grand massacre où tomba le connétable de Montmorency : les huguenots défaits se mirent en retraite ; Catherine de Médicis profita des premières impressions de la douleur publique pour supplier le cardinal Châtillon, frère de Coligny, de venir conférer au château de Vincennes, afin de préparer la paix. Quel dévouement aux idées pacifiques que celui de cette femme, de cette reine ! A chaque espérance de paix, elle arrive un rameau d'or à la main ! Elle, que les pamphlets calvinistes représentent : Tout le corps de noire teinture, battu d'acier à trempe dure, ou bien forgé de

---

1 15 avril 1565.
2 Mss. Béthune, vol. coté 8712, fol. 5.
3 Catherine de Médicis fit alors publier l'édit de pacification au son de trompe, afin de calmer les craintes des huguenots ; mai 1665.
4 Estienne Pasquier, liv. V, lettre 2. Voyez Lettre de Charles IX au duc de Nevers, mss. Béthune, vol. 8676, fol. 140.

diamans1, s'impose toute sorte de peines et de sueurs pour faire remettre l'épée dans le fourreau ; et en supposant que l'ambition du pouvoir la dirigeât et la dominât dans cette œuvre, il faut dire hautement qu'elle travaillait aussi au bien public avec une ardeur infatigable.

Une nouvelle trêve fut signée sur ses instances à Vincennes2 ; on déposa un moment encore les armes pour les reprendre aussitôt avec fureur. Cette fois, les catholiques coururent aux batailles, car les enfants du duc de Guise grandissaient environnés de toutes les tendresses populaires : chaque parti s'organisait avec ses chefs ; les catholiques, profondément irrités des concessions faites aux huguenots, conclurent une sorte de ligue du bien public signée entre la noblesse et les états : pour se prêter aide et secours dans toutes les affaires où ils pourroient tomber3. En face de cette organisation forte et serrée, les calvinistes ne se tenaient pas sans méfiances et sans préparatifs. Catherine de Médicis, tout inquiète, écrit au maréchal de Montmorency : Mon cousin, je vous prie de ne foiblir à nous écrire bien au long en quel état sont les affaires, ce que font ceux de la religion prétendue réformée, s'ils s'assemblent, quels desseins ils ont, s'ils arrivent ou s'ils négocient et l'ordre que vous y avez donné pour y obvier4.

Dans ce moment là lutte prenait un caractère étranger. Les huguenots appelaient le prince d'Orange et le duc des Deux-Ponts à leur aide ; les catholiques espéraient le duc d'Albe et les Espagnols. Comme il leur fallait un chef national sous la main de la couronne, Catherine de Médicis désigna le duc d'Anjou son troisième fils, le plus chéri, le plus brave de ses enfants, la perle même de la chevalerie ; et à ses côtés, la reine mère avait placé un Italien Strozzi, général expérimenté qu'elle avait appelé de Florence où il avait servi sous les Médicis. Les années calviniste et catholique se rencontrèrent à Jarnac et à Moncontour ; la victoire resta au noble duc d'Anjou, c'est-à-dire au chef choisi par l'autorité royale ; le prince de Condé fut tué sur le champ de bataille et son rôle de chef modéré dos huguenots et du parti gentilhomme échut à un jeune homme de seize ans, Henri de Béarn, fils du roi de Navarre5.

La maison de Bourbon n'avait jamais pris une couleur très-dessinée dans la guerre civile ; tout en se plaçant au sein de l'opinion calviniste, elle avait constamment négocié avec la cour ; Catherine de Médicis aimait ce caractère dans les Bourbons ; elle s'était servie du roi de Navarre, du prince de Condé pour ses desseins pacificateurs ; elle espérait beaucoup dans le jeune prince de Béarn, pour opérer un rapprochement d'opinions, but généreux et constant de ses efforts. Catherine ne craignait dans cette race que le caractère d'austérité maussade et passionnée de Jeanne d'Albret6, la mère de Henri de Béarn, profondément vénérée parmi les calvinistes. Il faut à tous les partis une patronne, une sainte, et le protestantisme l'avait trouvée dans Jeanne d'Albret.

---

1 Tout le cœur de noire teincture,
Battu d'acier à trempe dure,
Ou bien forgé de diamans.
(*Discours merveilleux*.)
2 Mars 1568. Ce fut un des derniers actes du chancelier de L'Hospital.
3 25 juin 1568. Mss. de Mesme, n° 8677.
4 Mss. Béthune, n° 8716.
5 Henri de Béarn (depuis Henri IV), était né à Paris en 1553.
6 Elle avait donné Henri de Béarn, son fils, comme gage à la chevalerie huguenote.

Les deux dernières batailles avaient été gagnées par l'épée du duc d'Anjou et de Strozzi, les deux bras armés de Catherine de Médicis. On voit la reine mère les faire servir à l'idéal de ses projets, à l'apaisement de la guerre civile. En opposition avec les remontrances du souverain pontife Pie V, et bravant même les dures paroles du roi d'Espagne ou les menaces des fervents catholiques dirigés par les fils du noble duc de Guise, Catherine de Médicis provoqua de nouvelles conférences entre les deux partis où furent députés MM. de Biron, de Mesme, Castelnau et Coligny. Catherine ne montra ni souvenirs amers, ni ressentiments du passé, et parvint ainsi à adoucir les âmes les plus fières ; Coligny lui écrivit : Madame, je sais que vous avez quelques mauvaises opinions de moi et que à la sollicitation de mes ennemis qui ont assourdi vos oreilles, vous m'avez porté quelques mauvaises volontés ; j'ose dire que lorsque Votre Majesté épluchera toutes mes actions depuis le temps qu'elle me connoît jusqu'à présent, elle confessera que je suis tout autre qu'on a voulu dépeindre : quand il me souvient d'avoir reçu beaucoup de faveur de Votre Majesté, j'oublie très-volontiers tout le mal qu'on auroit voulu me procurer en votre endroit pour me ressouvenir du bien, et pour conclusion, madame, je vous supplie de croire que vous n'avez pas de plus affectionné serviteur que moi[1].

Ainsi, Catherine de Médicis, par ses grâces personnelles et son habileté politique, était parvenue à dompter même l'esprit maussade et colère de l'amiral Coligny, si publiquement dévoué à son parti ; elle travaillait à l'œuvre de la paix avec un zèle, un dévouement absolu ; elle écrivait à son fils : Sire, gardez-vous d'être malade, afin que chacun puisse voir que vous travaillez et que l'on voie que vous avez vos affaires à cœur[2]. Cette paix signée le 8 août[3], à des conditions inespérées pour le parti huguenot, lui accordait la liberté de conscience et du prêche : catholiques et calvinistes étaient également admissibles aux emplois publics. Enfin, comme complément à ce système de tolérance et d'oubli, le roi donnait aux calvinistes des places de sûreté : la Rochelle, Cognac, Montauban et la Charité, où ils pouvaient tenir garnison[4], indépendante de l'autorité royale. Jamais les calvinistes n'avaient obtenu une situation meilleure et mieux garantie que celle que leur accordait ce traité : le protestantisme était en quelque sorte intronisé en France. Catherine de Médicis, pour mieux satisfaire encore les calvinistes, accordait à leur chef des fiefs, de l'argent, des domaines et jusqu'à des joyaux, bagues, aiguières ciselées par les artistes florentins toujours à ses ordres. La reine mère songeait même à des unions de famille, à des mariages mixtes entre les catholiques et les calvinistes, afin toujours de nuancer et de fondre les deux croyances, œuvre immense, difficile, dans laquelle son esprit devait s'abîmer. Enfin, la paix a été signée, s'écriait Estienne Pasquier (l'expression du tiers parti parlementaire) ; c'est finir par où nous devions commencer, et nous étions bien sages : mais en de telles affaires, il nous en prend comme des procès auxquels il ne faut jamais parler d'accord, que nous n'ayons premièrement épuisé le fond de nos bourses[5].

---

[1] Cette lettre si curieuse et autographe de Coligny se trouve dans les mss. Béthune, vol. coté 8702, fol. 41.
[2] Mss. de Béthune, vol. coté 8921, fol. 3. C'est une précieuse collection d'autographes.
[3] 1570.
[4] Édit du Roy sur la pacification des troubles du royaume. Paris, 11 août 1570.
[5] Lettre d'Estienne Pasquier, 65.

XIII. — 1570-1571.

La paix du 11 août 1570 fut si favorable à la réforme, qu'où a dit, dans les pamphlets et chroniques des parlementaires et des huguenots, que jamais celle paix n'avait été sincère, et que Catherine de Médicis ne l'avait signée qu'avec la volonté secrète d'en violer les conditions et de tendre un piège au parti calviniste. Si telle avait été la situation des choses et la pensée définitive du traité, évidemment le pape Pie V, si zélé pour l'extirpation de l'hérésie, et le roi d'Espagne, les chefs du mouvement catholique, confidents nécessaires de la reine mère, en eussent été instruits : comment alors pourrait-on expliquer les lettres de reproches très-violentes que le pape[1] et le roi Philippe II adressent à Catherine de Médicis sur cette faiblesse qui lui a fait accepter les conditions exécrables du traité[2] ? Comment expliquer qu'aussitôt après sa signature, les ardents catholiques sous les Guise, se séparant de Catherine de Médicis, signent la Ligue, cette association destinée à les protéger au moment où le pouvoir régulier, l'autorité royale les abandonne par le traité du 11 août 1570 ? D'où vient que la puissance et la popularité des Guise s'accroît de tout ce que perd Catherine de Médicis ?

L'esprit de ce traité au contraire était tout à fait conforme à la politique si constamment modérée de la reine mère et au désir qu'elle avait d'apaiser les âmes. Y avait-il un acte, un fait de sa vie qui ne fût conforme à la pensée de pacifier les troubles suscités par deux religions rivales ? Ces tendances de Catherine de Médicis ne changèrent pas un seul moment. Avec la fixité du but elle varia quelquefois dans les moyens, mais elle n'abdiqua jamais son caractère ni sa mission. Par le traité du 11 août 1670, elle crut avoir atteint définitivement la paix qu'elle se proposait : la reine mère espéra, chose impossible, faire vivre sous les mêmes lambris du Louvre, aux doux murmures des fêtes et des plaisirs, les catholiques et les huguenots. Elle comptait assouplir les corps de bronze sous des feuilles de rose[3]. Jamais, en effet, plus brillante et noble cour que celle de Charles IX. Le roi alors, à dix-neuf ans accomplis, était le type de la gentilhommerie élégante au milieu de cette vie de bals, de mascarades, noël de nuit, astrologie, pièces de théâtre jouées par les comédiens nouveaux venus d'Italie. La reine mère songeait à marier le jeune roi, le plus beau, le plus aimable cavalier de sa cour : à l'époque de l'effervescence et de la victoire des catholiques, elle avait songé à une infante d'Espagne. Il faut, écrivait-elle à Philippe II, que mon fils se marie bientôt ; il en a grandement envie et je serai bien aise, avant de mourir, de lui voir des enfans. Je lui ai parlé de l'infante Isabelle que V. M. a promise : il en a paru fort content ; mais il faut que dans trois mois l'affaire soit terminée[4]. L'Espagne était alors un grand appui pour la reine.

Dès que le parti huguenot prit une certaine position dans le conseil, en vertu de l'édit de tolérance, l'idée du mariage espagnol fut abandonnée, et Catherine de Médicis sollicita et obtint une des filles de l'empereur d'Allemagne, ce pays où

---

[1] Bref de Pie V, 25 septembre 1570.
[2] Le pape dit : Lois infâmes et perverses, *ibidem*.
[3] Coligny était accouru l'un des premiers pour prendre place au conseil. Mss. de Béthune, n° 8732.
[4] Lettre autographe, *Archives de Simancas*, B, 26.

vivaient en paix, sous des lois impartiales, les catholiques et les protestants[1]. Toujours dans cette pensée de fusion, Catherine de Médicis négociait le mariage du duc d'Anjou, son fils, avec Elisabeth d'Angleterre, vieille folle amoureuse, la protectrice de la réforme, malgré la différence d'âge et d'opinion. Au point de vue politique, depuis l'arrivée de l'amiral Coligny au Louvre, il était fort question d'une campagne en Flandre dirigée contre les Espagnols : l'amiral Coligny avait présenté au roi un mémoire parfaitement rédigé pour lui démontrer l'importance d'une campagne en Flandre, afin de soutenir les insurgés. Les calvinistes, maîtres de la direction des affaires étrangères, voulurent aussi dominer le gouvernement intérieur, et c'est dans ce dessein qu'ils exigèrent que la cour quittât Paris pour résider à Blois, selon leur vieux projet. Catherine de Médicis consentit à tout, bien que les plaintes incessantes des huguenots et leurs démarches devinssent impératives et insupportables[2].

Pour donner un gage nouveau et positif à la fusion, la reine mère proposa le mariage de Marguerite, sa fille[3], avec le jeune Henri de Béarn, caractère de Gascogne, brave et hâbleur, le propre fils de l'austère calviniste Jeanne d'Albret, déclarant que ce seroit le plus étroit et ferme lien pour maintenir la paix entre ses sujets. La reine mère disait que c'étoit trop guerroyer, qu'il falloit adviser par toute voie de vivre en bonne amitié les uns les autres. Quand l'amiral vint au Louvre, on lui fit merveilleux accueil, et, selon l'avis de Catherine de Médicis, on dut aller au plus pressé, le mariage de Marguerite de Valois et du prince de Béarn. La reine mère, pour le singulier amour qu'elle portait à sa fille, lui donnait 200 mille livres tournois[4] ; et le Béarnais, pauvre gentillâtre, dut quitter ses vilains hauts-de-chausses pour les habits de drap d'or émaillé de pierreries. En outre, le duc d'Anjou n'ayant pas accepté son mariage avec Elisabeth d'Angleterre (il était trop fervent catholique), Catherine de Médicis, qui ne renonçait pas à ses projets, songea au duc d'Alençon, son dernier fils, pour le remplacer dans les noces : d'Alençon n'avait que dix-huit ans, tandis qu'Elisabeth en avait trente-cinq. Ne savez-vous me dire si la reine Elisabeth, ma bonne cousine, agréeroit pour époux le duc d'Alençon ? Telles furent les ouvertures très-nettes faites par Catherine de Médicis à l'ambassadeur d'Angleterre Smith[5]. Si ce mariage se faisoit, je passerois la mer pour la voir, continua la reine mère, car c'est la chose que je désire le plus. Votre maîtresse ne voit-elle pas qu'elle ne sera jamais en repos qu'elle ne soit mariée.... Je ne doute point qu'elle puisse avoir cinq ou six enfans.... Il faut au moins deux garçons, afin que, s'il en meurt un, il puisse eu demeurer un autre. Il faut quatre ou cinq filles pour faire alliance avec d'autres princes. L'ambassadeur répondit : Vous croyez donc, madame, que Mgr le duc d'Alençon iroit bien vite en besogne. Catherine se prit à rire. Il le désire infiniment ; il n'est pas moins vigoureux et gaillard que son frère d'Anjou[6].

Tel était l'esprit rieur et gracieux de la reine mère, alors parvenue à sa cinquante-deuxième année, toute heureuse d'avoir accompli ses desseins d'apaisement parmi les huguenots. Le parti calviniste, maître de l'esprit du roi et du conseil, développait librement son système : à l'extérieur, en soutenant les insurgés des Pays-Bas ; à l'Intérieur, les concessions succédaient aux

---

[1] Le mariage fut célébré à Paris le 6 mars 1571.
[2] *Des pourparlers faits à la Rochelle*, 1571, brochure.
[3] Elle avait été promise à un Guise : *Brochure de l'estat de la France sous Charles IX*.
[4] *Pourparlers du mariage entre le prince de Navarre et la sœur du Roy*, 1571.
[5] Dépêches secrètes, écrites de Blois, 1571, par Smith, envoyé en France.
[6] Dépêches de Smith, écrites de Blois, 1571.

concessions1 ; et la grande faute que firent les chefs du calvinisme, ce fut de quitter Blois, où ils étaient maîtres du peuple, pour se rendre à Paris, où la multitude était ardemment catholique ; mais on courrait célébrer le mariage tant désiré de Henri de Béarn et de Marguerite de Valois, la gracieuse sœur du roi Charles IX. Catherine de Médicis prépara les plus grandes pompes, les solennités les plus magnifiques.

On a encore écrit, dans les pamphlets et chroniques, que ce mariage fut un piège tendu à la crédulité des huguenots. Mais pourquoi le pape Pie V aurait-il refusé les dispenses, si ce mariage n'avait été qu'un piège ? Comment, tout colère contre le pape, on vit Charles IX s'écrier devant Jeanne d'Albret : Ma tante, je vous honore plus que le pape et aime plus ma sœur que je ne le crains ; je ne suis pas huguenot, mais ne suis pas sot. Aussi, si le pape fait trop la beste, je prendrai Margot par la main et la mènerai espouser en plein prêche2. Est-ce là toujours de l'hypocrisie et de la duplicité ? Je le répète, Pie V et Philippe II furent sérieusement affectés de ce mariage. La reine Catherine de Médicis y qui redoutait alors les Guise et les commencements de la Ligue catholique, se plaçait loyalement au sein de la minorité vaillante et armée, les huguenots ; elle espérait y trouver force et soumission. Le mariage de Henri de Béarn et de Marguerite de Valois était l'expression de ce système de concessions mutuelles3. Catherine de Médicis se trouvait heureuse d'avoir réalisé sa pensée de fusion sans arrière-pensée. Elle se trompait sans doute, n est impossible d'imposer longtemps à un pays un gouvernement de minorité ; tôt ou tard la majorité éclate et reprend violemment le pouvoir qu'on lui a arraché. Ici est le sens véritable de la funèbre nuit du 24 août 1572.

---

1 Édit du mois de mars 1572.
2 *De l'estat de la France sous Charles IX*, 1571.
3 *Discours des nopces du Roy de Navarre et de Marguerite, sœur du Roy*, août 1572.

XIV. — 1572.

La ville de Paris était alors la cité profondément catholique : sa bourgeoisie, ses confréries de métiers avaient leur orgueil, leur symbole religieux dans Notre-Dame. Tout ce peuple ardent, remuant, détestait les huguenots, qui blessaient ses croyances, ses habitudes du moyen âge. A plusieurs reprises Paris s'était soulevé contre le prêche par de grandes dévastations[1] ; il n'avait pas besoin, pour s'irriter, d'excitation personnelle. Au fond du cœur, le peuple souhaitait les *vêpres siciliennes* contre cette chevalerie calviniste venue du Béarn et de la Gascogne pour l'insulter. Chaque époque a ses doctrines aimées ; les croyances peuvent changer de forme, les passions qui les déterminent restent les mêmes. Plus la cour (Catherine de Médicis, Charles IX) se rapprochait des huguenots, certes avec loyauté, plus la bourgeoisie et le peuple de Paris désiraient choisir un chef indépendant du roi, et la famille des Guise, était l'objet de son culte ; le peuple l'avait toujours tant exaltée ! Il y avait dans les Guise tant de grandeur, de dévouement aux opinions municipales de Paris !

Le parti huguenot avait dans sa nature deux mauvaises conditions qui devaient tôt ou tard le compromettre et le perdre : à la fois actif et faible, il imposait des changements, s'agitait, remuait sans cesse contre le vieil ordre de choses ; comme il avait parfois la conscience de sa faiblesse et de son infériorité, il demandait, il imposait des garanties toujours nouvelles pour sa sûreté et son ambition. Depuis l'entrée de Coligny dans le conseil du roi, les huguenots étaient devenus insupportables. En pleine possession de la liberté du prêche et de la conscience avec des villes de sûreté, droit d'armement, que voulaient-ils de plus ? Ils imposaient néanmoins au roi et à Catherine de Médicis la nécessité coûteuse d'une expédition en Flandre, pour soutenir les révoltes contre le duc d'Albe, et la guerre même contre Philippe II d'Espagne[2]. Coligny ne répondait de l'obéissance dans son parti, que moyennant ces concessions impératives, il accablait le roi de ses remontrances, de ses plaintes. Jamais Charles IX ne s'irritait contre celui qu'il appelait *son père* ; il lui accordait tout avec une bonté infinie et presque filiale, car le caractère de l'amiral lui plaisait.

Quand Coligny se crut assez fort auprès de Charles IX pour le dominer, il résolut hardiment d'attaquer l'influence de Catherine de Médicis, trop dessinée dans le sens de la modération pour entrer en plein dans les projets absolus des calvinistes[3]. En politique, les partis se servent d'abord des modérés pour lutter contre leurs adversaires ; puis, quand ils espèrent le triomphe complet, ils s'en débarrassent comme de liens importuns qui les arrêtent dans le développement de leurs desseins. Catherine de Médicis, parfaitement informée des projets des huguenots sous l'amiral Coligny, dut se tourner plus activement encore vers les modérés du parti catholique, pour former un contrepoids à l'influence turbulente et dominatrice des calvinistes. Ceux-ci multipliaient leurs importunités, appelant même à leur aide les reîtres, les lansquenets, exigeant que le roi envoyât aux Pays-Bas un corps de troupes contre les Espagnols, au profit des insurgés

---

[1] Témoin les grandes émeutes contre le prêche de Charenton, et le pillage qui suivit la destruction de la croix de Gastine, 1570-1572.
[2] *De l'estat de la France sous Charles IX*, année 1672.
[3] Coligny se croyait parfaitement sûr de dominer Charles IX, ainsi qu'il résulte de ses lettres. (*Portefeuille Fontanieu*, Biblioth. imp., n° 324, 325, 326.)

anabaptistes qui ravageaient les églises de Flandre. Au reste, le roi Charles IX, à la voix de Coligny, couvrait partout de sa protection les huguenots inquiets et soulevés dans les provinces.

Mais, en dehors de cette action impartiale de la cour de Charles IX, il était une opinion populaire que la politique du roi ne pouvait calmer et encore moins absorber, et cette opinion avait ses chefs, ses desseins, ses vengeances même à exercer. A Paris, les halles, les corporations, la bourgeoisie municipale détestaient les huguenots et surveillaient leurs moindres mouvements ; les catholiques avaient leurs réunions particulières, leurs sociétés secrètes qui n'attendaient qu'un instant favorable pour éclater malgré le roi. En plusieurs circonstances de l'histoire, il s'est produit cette situation respective, de deux partis qui, malgré le pouvoir, veulent en venir aux armes, et pour cela il n'est pas besoin d'excitation ou de complicité des gouvernements ; chaque cœur irrité, chaque opinion froissée porte avec elle sa vengeance ; ceux qui supposent des délibérations préalables, des préparations réfléchies pour arriver aux batailles civiles font le drame et non pas de l'histoire. Il suffit de parcourir les registres du conseil municipal de la ville de Paris[1], pour voir que la bourgeoisie et le peuple étaient fatigués des exigences et de la position hautaine prise par les huguenots à Paris, auprès de Charles IX, dont ils dominaient les conseils. Catherine de Médicis, qui connaissait cette force et cette opinion du peuple, ne voulait pas la heurter, car le pouvoir de fait se serait placé dans la main des Guise, au cas où la multitude se serait crue abandonnée par la royauté des Valois. La reine mère, d'ailleurs, avait peu à se louer de l'amiral, qui voulait la perdre auprès de son fils et lui arracher le pouvoir.

Les Guise, à leur tour, avaient un vieux compte de sang à régler avec Gaspard de Coligny ; Poltrot, le familier de M. l'amiral, n'avait-il pas arquebuse traîtreusement et par derrière le grand François de Guise ? En vain, la reine Catherine de Médicis avait commandé le silence et l'oubli ; les Guise, plutôt que d'obéir, avaient quitté la cour à Blois, pour venir se réfugier auprès du peuple de Paris. L'amiral, se rendant donc du Louvre à son logis, fut atteint d'une balle qui le blessa légèrement à la main[2] ; le coupable se nommait Maurevel, familier de la maison de Guise, comme Poltrot l'était de l'amiral. Quand on vint dire cette nouvelle au roi Charles IX, le jeune prince, jetant sa raquette sur le sol du Louvre, s'écria : Mordieu, je ne serai donc jamais tranquille ! et il ajouta une menace contre les Guise, ces perturbateurs de tout repos ; ces paroles étaient jetées avec trop d'amertume et de colère pour être encore une hypocrisie !

La blessure de l'amiral est du 22 août 1572. Tout respire déjà la guerre civile entre les partis ; les huguenots, justement irrités de l'attentat dirigé contre Coligny, parcourent les rues du faubourg Saint-Germain, où ils sont campés, annonçant un jour prochain de vengeance. Les catholiques, peuple et bourgeoisie, remplissent la ville de pamphlets sur les horribles menées des huguenots et sur les mauvais desseins de la cour ; heureusement, disent-ils[3], le peuple est ligué sous un chef digne de lui, le duc de Guise. Pas un mot d'éloge pour le roi Charles IX et Catherine de Médicis, suspects aux catholiques depuis la paix de 1570. Si le roi et la reine mère avaient préparé, comme on l'a dit, une

---

[1] Tome X des *Registres de l'hostel de ville*. Une crise se prépare, et on l'aperçoit par la multiplicité des actes du conseil ou corps municipal.
[2] Une brochure du temps porte ce titre : *Comment M. l'admiral fut blessé*, août 1572.
[3] *De l'estat de la France sous Charles IX*, 1572.

journée de vengeance et de triomphe, est-ce qu'ils ne l'auraient pas annoncé à Philippe II, et au pape dont ils auraient invoqué les conseils et l'appui[1] ? Nulle trace n'existe dans les correspondances même les plus secrètes. Le roi Charles IX, alors rapproché de Coligny suspect aux Guise, méditait une éclatante répression contre les Lorrains : chacun avait la conviction profonde qu'il y avait un grand péril pour les catholiques, car jamais les huguenots n'avaient été plus menaçants qu'après la blessure reçue par l'amiral, leur chef adoré ; ce qui pourtant jusqu'ici n'était qu'une représaille de l'assassinat du duc de Guise. Presque aussitôt le jeune roi de Navarre et le prince de Condé se rendirent au Louvre, où étaient Charles IX et sa mère ; ils déclarèrent : qu'il n'y avait plus de sûreté pour eux à Paris, à moins qu'on ne leur donnât de nouveaux gages de protection[2] et des garanties contre les catholiques ; ils demandaient donc à se retirer. Charles IX, tout rouge de colère, s'emporta contre les Guise et les papistes, qui sans cesse selon lui renouvelaient les troubles ; Catherine de Médicis ajouta : La blessure de M. l'admiral est un grand outrage fait au roy. Si l'on supporte cela aujourd'huy, on prendra la hardiesse d'en faire autant dans le Louvre, une autre fois dedans son lit et l'autre dedans son sein, entre ses bras. Charles IX ajouta : Je veux qu'on poursuive celui qui a fait le coup. Et comme le prince de Condé demandait que, pour la protection de leurs prêches et de leur personne, tous ceux de la religion pussent se réunir en armes autour de la maison de l'amiral, la reine mère le lui accorda sans difficulté avec des paroles pleines de sens et de confiance.

Le roi Charles IX fit plus encore : pour honorer le parti calviniste, il résolut, lui et sa mère, de faire une visite publique et solennelle à Coligny, blessé en son hôtel de la rue Béthisi ; tous deux partirent du Louvre avec une brillante suite et entrèrent jusqu'en la chambre de l'amiral. Catherine de Médicis et son fils se montrèrent tendres, affectueux, patients auprès du blessé, tandis que Coligny déclamait avec une grande vivacité : N'est-ce pas une honte, sire, que votre promesse de pacification soit chaque jour vilainement violée ?[3] — Nous y mettrons bon ordre, monsieur l'admiral, répondit Charles IX, et je viens d'envoyer des commissaires, à cet effet, dans toutes les provinces. Voici ma mère qui peut vous assurer de cela[4]. — C'est vrai, monsieur l'admiral, et vous le savez bien, dit la reine. Coligny, s'échauffant toujours, s'écria : Oui, bien le sais, madame, l'on a envoyé des commissaires dans les provinces, parmi lesquels il y en a qui m'ont condamné à être pendu, et proposé 60 mille écus de récompense à celui qui vous apporteroit ma teste. — Nous en enverrons d'autres, monsieur l'admiral, qui ne seront point suspects. — Combien que je ne sois qu'une femme, ajouta Catherine, je suis d'avis qu'on y pourvoie de bonne heure. Ensuite le roi, toujours plus tendre envers Coligny, demanda à voir la balle qui l'avait blessé ; Catherine la prit, la pesa dans ses mains[5] : Je suis bien aise que la balle ne soit pas restée dedans, car il me souvient lorsque M. de Guise fut tué devant Orléans, les médecins me dirent quelquefois que si la balle eût esté hors, encore qu'elle fût empoisonnée, n'y avoit aucun danger de mort. La reine mère rappelait ici un amer souvenir de la guerre civile, et peut-être le jetait-elle dans sa conversation

---

[1] Les archives de Simancas ne contiennent rien sur la Saint-Barthélemy, si ce n'est après le coup d'État accompli ; rien dans les dépêches d'ambassade ne le fait pressentir.
[2] *De l'estat de la France sous Charles IX*. On sait que ce récit contemporain est écrit dans le sens calviniste, et, par conséquent, peu suspect de partialité pour les Guise.
[3] *De la Visite du Roy à Monsieur l'admiral*, août 1672.
[4] *La Response du Roy*, 1572.
[5] *Estat de la France sous Charles IX*, t. I, p. 196.

avec l'amiral, afin de constater qu'elle ne le croyait pas coupable du meurtre du duc de Guise ; ou bien faisait-elle une allusion au souvenir sanglant de cet autre coup d'arquebuse ; elle semblait dire : Les Guise n'ont fait que se venger. C'est de la représaille : du calme donc, de la modération, monsieur l'amiral !

XV. — Août 1572.

Il est impossible de ne pas voir jusqu'ici dans les démarches, les paroles, les actes de Charles IX et de Catherine de Médicis, un immense désir d'éviter la terrible collision qui se préparait entre deux partis en armes. Supposer une hypocrisie si longtemps prolongée, sans que les calvinistes et leur chef s'en fussent aperçus, serait attribuer une crédulité enfantine à Coligny et Dandelot, qui certes ne manquaient pas de méfiance et de roideur ! D'ailleurs, à tant d'hypocrisie il fallait un but, un intérêt, et la reine Catherine de Médicis n'ignorait pas que toute mesure rigoureuse prise contre les huguenots plaçait le pouvoir dans les mains des Guise, qu'elle redoutait bien autrement que Coligny. Catherine de Médicis voulait donc se tenir dans un milieu calme, impartial, jeter de la glace sur ces têtes bouillonnantes. Mais aurait-elle assez de force pour contenir les partis ? Les catholiques suivaient toutes les démarches des huguenots, qui voulaient s'emparer de Charles IX et de Catherine sa mère les conduire à Blois, afin de mettre le triomphe de leur opinion sous le scel de l'autorité royale. La fermentation la plus vive régnait à Paris : pour empêcher cette nouvelle conjuration d'Amboise, la garde bourgeoise, les confréries de métiers étaient sous les armes ; les arquebuses et les pertuisanes étaient rendues aux compagnies municipales[1]. La force et la popularité des Guise avaient grandi à ce point qu'ils restaient maîtres du gouvernement municipal. L'autorité royale n'était plus qu'un pouvoir secondaire que se disputaient les catholiques et les huguenots.

Le 22 août, au soir, les princes de la maison de Guise, forts de leur popularité, et sachant ce que Coligny imposait au conseil, se rendent au Louvre : ils y trouvent le roi avec sa mère. Là ils leur disent, en présence de plusieurs : Qu'il leur sembloit que Sa Majesté n'avoit point leur service à gré depuis longtemps, et s'ils eussent pensé qu'en se retirant en leur province le roi y eût pris plaisir, pour lui complaire ils n'eussent pas failli de se retirer de la cour. Le roi, *avec un mauvais visage et paroles pires*, leur répondit : Qu'ils s'en allassent où ils voudroient et qu'il sauroit toujours les trouver, s'il estoit constaté qu'ils fussent coupables de ce qui avoit été fait à l'admiral. Après avoir subi ces dures paroles avec une résignation pleine de dignité, MM. de Guise montèrent à cheval et se retirèrent en toute hâte[2]. Remarquons bien que cette violente rupture s'accomplit l'avant-veille de la Saint-Barthélemy, en présence de toute la cour !

Mais, les Guise étaient trop puissants à Paris, trop nécessaires à la vie municipale des citoyens, pour que la bourgeoisie et le peuple catholique les laissassent se retirer en dehors des murs de la cité. Aussi le duc de Guise et ses frères furent-ils entourés par leurs amis au delà de la porte Saint-Antoine, et forcés de rentrer secrètement à Paris : ils vinrent loger à l'hôtel de ville même, au milieu des chefs populaires toujours inquiets de l'attitude impérative des huguenots auprès du roi.

Le 23 août, au soir, tous les corps de métiers étaient en armes, prêts à un coup de main sérieux. La veille les quarteniers avoient visité les hostelleries pour prendre le nom de tous les étrangers[3] : il se fit une émotion telle, à Paris, que

---

[1] *Registres de l'hostel de ville*, t. X, ad annum 1572.
[2] *De l'estat de la France sous Charles IX*, 22 août 1572.
[3] *Registres de l'hostel de ville*, vol. X.

Coligny et les huguenots s'en alarmèrent, et des députés vinrent encore au Louvre pour demander des explications au roi et une sauvegarde. Charles IX, qui protégeait visiblement les calvinistes, fit venir auprès de lui sa mère, et avec une attitude inquiète et un peu irritée il s'écria : Madame, qu'y a-t-il ? que veut dire ceci ? on me dit que le peuple se mutine et prend les armes. — Il ne fait ni l'un ni l'autre, répondit Catherine de Médicis ; mais s'il vous souvient, vous avez ordonné ce matin que chacun se tînt en son quartier de peur de troubles. Le duc d'Anjou prit la parole ensuite : Puisque M. l'admiral redoute quelque chose, il faut que Cossein et cinquante archers de la garde protègent son logis. — J'accepte[1], répondit Coligny. Un nouvel ordre du roi ordonna d'éloigner tout gentilhomme catholique des camps et hôtels de huguenots, afin d'éviter une collision redoutée.

Toute la journée du 23, les deux partis s'observèrent. Les calvinistes, préparés et en armes, jetaient des menaces de terrible vengeance contre le peuple de Paris ; ils brandissaient dans toutes les rues leurs arquebuses et pertuisanes[2] : Il faudra bien nous faire justice nous-mêmes de Henri de Guise, si le roy ne nous la fait. L'amiral de Coligny, si calme habituellement, ne se contenait plus dans ses propos. Si mon bras est blessé, ma teste ne l'est pas : s'il me faut couper le bras, j'aurai la teste de ceux qui en sont cause. Jactances fort imprudentes en l'état d'irritation des esprits !

Enfin, pour satisfaire les calvinistes profondément irrités, le roi ordonna ce jour-là même des poursuites devant le parlement contre le duc de Guise[3], comme une menace jetée au parti des catholiques alors réunis à l'hôtel de ville en assemblée sous les armes. Il est possible que la reine mère ait connu l'existence de ces assemblées municipales, qu'elle y eût même des amis, des affiliés ; mais l'opinion catholique, menacée par les paroles et les actes des huguenots, était assez forte pour se réunir avec ou sans permission de la reine mère. Les esprits sérieux, qui ont assisté aux grandes luttes de partis dans les époques modernes, savent que le pouvoir n'est souvent pour rien dans les heurtements de la guerre civile. Il assiste, seconde, profite quelquefois des incidents et des résultats, mais l'impulsion est en dehors de lui ; elle est dans les cœurs haineux et les opinions ardentes. On a supposé des conseils tenus aux Tuileries, des délibérations discutées, prises la nuit par Charles IX et Catherine de Médicis. Tous ces incidents d'un drame n'étaient pas nécessaires : les halles de Paris, les métiers, la bourgeoisie armés n'avaient besoin de personne et encore moins d'une délibération du conseil du roi pour courir sur les huguenots qui les insultaient chaque jour : des matières inflammables étaient amoncelées, il suffisait du plus petit froissement pour allumer l'incendie, et c'est ce qu'on n'a pas assez remarqué en écrivant l'histoire de la Saint-Barthélemy.

Il y a plusieurs incidents dans la sanglante nuit qu'il est essentiel de suivre afin de s'expliquer la fatale mêlée : sur un côté du tableau, il y a l'histoire de la vengeance des Guise contre l'amiral Coligny, vieille dette de sang à régler. Coligny, dans l'opinion des Guise, avait fait arquebuser leur glorieux père par Poltrot devant Orléans[4] ; les Guise avaient déjà essayé leur vengeance en

---

[1] *De l'estat de la France sous Charles IX*, 1572.
[2] *Discours sur la cause des exécutions faictes et personnes de ceux qui avaient conjuré contre le Roy et son Estat*, Paris, à l'Olivier, rue Saint-Jacques, 1572.
[3] L'ordre du roi de poursuivre le duc de Guise pour l'arquebusade qui avait blessé l'amiral, fut adressé au parlement le 22 août 1572. On le trouve mss. Béthune, n° 576.
[4] Jamais catastrophe ne donna lieu à plus de pamphlets. Voyez le plus curieux : *Passio domini nostri Gaspardi Colligni, secundum Bartholomeum*, 1572.

dirigeant contre Coligny l'arquebuse de Maurevel, un des familiers de leur hôtel. Le coup n'avait pas réussi ; ils savaient même que Coligny et ses amis avaient obtenu du roi l'autorisation de les poursuivre devant le parlement. Les domestiques, les familiers de la maison de Lorraine attaquèrent donc l'hôtel de Coligny à main armée, comme les choses se passaient pendant le siècle entre féodaux qui se détestaient. Behem, qui porta le premier coup à l'amiral, était un Allemand, sorte de lansquenet très-dévoué à la maison de Lorraine ; il vengeait la mémoire bien-aimée de son maître. La scène ensuite se développa dans les conditions sanglantes de l'esprit du temps. Ce sont les pamphlets huguenots, la poésie de Voltaire (leur copiste), qui ont flétri les actions des Guise, tandis qu'ils ont exalté l'héroïsme des amis de l'amiral Coligny. Si les acteurs farouches de cette vengeance féodale revenaient à la vie, ils souriraient de dédain à ces vers de *la Henriade*, dans lesquels, comparés à des tigres, ils tombent aux genoux de Coligny. Behem et les lansquenets, ses amis, avaient un cœur autrement trempé d'acier : ils vengeaient la maison de Lorraine, et voilà tout.

Le second épisode qui ôte à la Saint-Barthélemy tout caractère de préméditation[1], c'est que les huguenots prirent l'initiative contre le mouvement populaire et municipal de Paris. Le 23 au soir, comme la cour s'attendait à un tumulte de nuit, ordre avait été donné par le roi de réunir les archers et arquebusiers de la garde dans la cour du Louvre. Vers deux heures de la nuit, un certain nombre de gentilshommes huguenots en armes passèrent la Seine, malgré les ordres du roi, pour rôder autour du Louvre : dans quel dessein ? On l'ignore : venaient-ils offrir leurs services au roi, à la reine mère, ou bien le enlever comme ils l'avaient tenté à Amboise ? Tant il y a que des coups d'arquebuse furent tirés de part et d'autre tirés[2]. La bataille s'engagea sans autre cause, et bientôt sur tous les points de la ville, au son des cloches et au bruit des arquebusades, il se fît un horrible pêle-mêle de compagnies bourgeoises, de peuple, de corporations de métiers contre les huguenots. Il n'y eut ici aucune délibération préméditée, ni conjuration de poignards bénits par les moines, sorte de mise en scène puérile qui suppose une ignorance complète des habitudes douloureusement sanglantes des multitudes. Ceux qui ont vécu dans les agitations populaires savent comment les partis courent les uns contre les autres sans ordre, entraînés par le mouvement terrible des passions humaines ; il n'est pas besoin pour cela de complots ni de poignards bénits, l'air saturé d'électricité fait éclater la foudre, et cela est surtout vrai pour les multitudes !

La nuit qu'on a depuis appelée de la Saint-Barthélemy n'eut aucun caractère religieux : le catholicisme et le protestantisme étaient plutôt alors deux opinions que deux religions, sorte de drapeaux qui partageaient les gentilshommes et le peuple. On a multiplié les récits sanglants de cette nuit épouvantable, où le heurtement de deux partis produisit, comme à toutes les époques, d'impitoyables excès. Est-ce que la civilisation moderne n'a pas des pages de sang ? Est-ce que les opinions excitées ne se précipitent pas dans les excès sans réflexion, sans besoin qu'on les provoque, par le seul entraînement de la haine et

---

[1] Tous les récits qui ont été écrits contre le roi Charles IX et la reine Catherine de Médicis ont été puisés dans un pamphlet publié sous ce titre : *Discours d'un courtisan catholique découvrant les ruses du Roy et de la Royne mère, et de leur conseil secret*, 1572.
[2] *Le Réveil matin des François, composé en forme de dialogues*, par Eusèbe Philadelphe, 1572.

de la passion ? Il n'y a pas alors de complots, de conjurations prémédités1. Ni Charles IX, ni Catherine de Médicis ne méditèrent cette nuit fatale, 1° parce que la conséquence de la victoire devait leur arracher le pouvoir au profit du duc de Guise ; 2° parce qu'à travers ces flots de sang le parti de la Ligue allait découronner Catherine de Médicis et le roi de France, pour proclamer ses princes à lui, c'est-à-dire la maison de Lorraine. Tout se fit en dehors de l'autorité de Charles IX et de Catherine de Médicis. Le matin le roi, profondément affecté du désordre sanglant de cette nuit, loin de se faire complice, prend pour l'arrêter des mesures sévères. Je prie qu'on porte la plus grande attention aux pièces authentiques qu'on va lire, parce qu'elles détruisent tous les récits mensongers qu'on a faits jusqu'ici de la Saint-Barthélemy : Le 24 au matin, les échevins étant venus au Louvre pour annoncer que le peuple dévastoit, pilloit, tuoit plusieurs personnes par les rues, le roy leur a commandé de monter à cheval avec toutes les forces de la ville pour les faire cesser, et d'y avoir l'œil nuit et jour. Nouvel ordre le 25, qu'il ne soit fait aucun tort ni déplaisir aux religionnaires sur peine de la vie... qu'ils les mettent sous bonne garde sous la responsabilité des maîtres de maisons ; douze archers de la ville doivent aller rue de la Calandre pour conserver les logis de ceux de la dite religion et les amener à la ville2.

Et, qu'on le remarque, il ne s'agit pas ici de récits trouvés dans les mémoires que la passion a pu dicter, que le ressentiment a pu répandre, mais d'actes authentiques émanés de l'autorité publique ; or, ce qu'il y a de plus curieux encore, ce sont les lettres circulaires que le 24 août au matin le roi et Catherine de Médicis écrivent à tous les gouverneurs de province, afin d'éviter que les scènes de désordre se répètent dans leurs gouvernements. Ces lettres donnent leur véritable sens aux massacres de la nuit du 23 août :

Ayant appris que les parens et amis de l'admiral avoient résolu de venger la blessure qu'il avoit reçue (disent les lettres), MM. de Guise ont assemblé, pour les prévenir, un grand nombre de gentilshommes et de bourgeois de Paris, avec le secours desquels ils ont forcé les gardes que j'avois données au dit admiral, et ils l'ont tué et tous ceux qui se sont trouvés avec lui. Cet exemple a été suivi avec tant de violence et de fureur dans tous les autres endroits de la ville, que l'on n'y a pu remédier ; comme ce mal est arrivé *contre ma volonté*, je veux et j'entends que tous les gouverneurs de province soient attentifs à les réprimer dans leurs districts, décernant la peine de mort contre ceux qui n'obéiroient pas3.

La preuve est authentique. Il y a loin du texte de cette circulaire à toutes les fables racontées dans les mémoires, aussi vrai que les coups d'arquebuse tirés de ce balcon du Louvre, qui ne fut construit que sous Henri III. Veut-on des preuves plus précises encore ? Le roi, par le conseil de sa mère, écrivait à M. de Prie, lieutenant général en Touraine, et au sieur de Montpezat, sénéchal du Poitou : .... La sédition qui est, grâce à Dieu, de cette heure amortie, étoit advenue par la querelle particulière qui de longtemps est entre les deux maisons (Guise et Châtillon). Et doutant qu'il est grandement à craindre que telle exécution ne soulève mes sujets les uns contre les autres et ne fasse grand massacre par les villes de mon royaume, de quoi j'aurois un merveilleux regret, je vous prie de

---

1 J'ai compté pamphlets ou simples écrits plus de quarante. Le plus curieux porte ce titre : *Dialogus quo multa exponuntur quæ lutheranis et hugonotis Gallis acciderunt.* (Orangiæ, 1575, in-fol.)
2 Ces pièces sont empruntées aux *Registres de l'hostel de ville.* Curieux recueil, t. X, fol. 9 à 13.
3 *Portefeuille Fontanieu*, cartons 324, 325, 326.

faire publier et entendre que chacun ait à demeurer en repos et sûreté en sa maison, faisant observer scrupuleusement notre édit de pacification.... En présence de ces pièces authentiques, que deviennent les petits billets inventés par les historiens spirituels, avec de belles phrases et des jeux de mots empruntés aux formules du XVIIIe siècle ? Les actes que je rapporte sont conservés dans les plus précieux recueils sur l'histoire de France[1], avec tous les caractères et pièces contemporains.

Qui peut donc dire encore que Catherine de Médicis et Charles IX préparèrent la Saint-Barthélemy avec les péripéties d'une longue dissimulation ? Au contraire, ils se lamentent sur cette funèbre journée ; ils veulent en empêcher les résultats ; ils espèrent en détourner le coup : leur pouvoir est débordé par les partis ; ils ne sont plus les maîtres de la situation : elle leur échappe. Puérilités que ces livres d'histoire ou ces scènes d'opéra qui font bénir les poignards qui s'agitent dans cette nuit toute de passion populaire et de vengeance de la famille de Guise contre Coligny, car les Châtillon avaient fait arquebuser le premier, le grand Henri le Balafré !

---

[1] Le recueil de Fontanieu (conseiller d'État) se compose de huit cent quarante et un portefeuilles qui appartiennent au département des mss. (Biblioth. imp.)

XVI. — Août 1572 (suite).

Il arrive constamment dans l'histoire politique des États ce fait de haute curiosité ; un pouvoir, d'abord, n'a pas voulu une mesure, il l'a même repoussée de toutes ses forces, il en a rejeté la responsabilité ; et lorsque pourtant cette mesure a réussi, lorsque l'opinion publique s'est prononcée avec énergie en sa faveur, le pouvoir qui l'avait repoussée l'adopte, la proclame, s'y identifie, comme s'il n'avait jamais voulu ni pensé autrement. C'est ce qui arriva certainement après la nuit sanglante du 24 août 1572[1]. Ni Catherine de Médicis ni Charles IX n'avaient voulu l'exécution des huguenots : si même on les avait personnellement interrogés, ils auraient repoussé de toute la force de leur pensée une mesure qui plaçait la couronne sous les Guise ; mais l'exécution accomplie malgré eux, ils durent l'accepter comme François II et Catherine de Médicis avaient accepté l'exécution d'Amboise, qui avait mis le pouvoir dans les mains de ces mêmes Guise.

Les motifs qui déterminèrent Catherine de Médicis et Charles IX à pleinement accepter la responsabilité de la nuit de la Saint-Barthélemy furent de deux espèces : le premier résulta, hélas ! de la popularité de cette journée, de la joie qu'elle inspira à toute la population de Paris[2] ; puis de ce sentiment vrai comme la situation elle-même : que si Catherine de Médicis et Charles IX n'avoient pas accepté ces faits sanglants, ils auroient cessé de régner. Le peuple veut qu'on adopte ses convictions : la destinée des Valois eût été accomplie ! Les Guise auroient été roi. Cette conclusion peut paraître étonnante à l'époque où nous vivons ; mais en histoire, il faut juger les faits et les hommes d'après les opinions du temps, et il suffit de pénétrer dans l'esprit des masses au XVIe siècle pour être profondément convaincu que rien ne pouvait se faire en dehors de leurs sentiments catholiques.

Si on lit les écrits qui furent alors publiés dans les émotions mêmes de la journée, on reconnaît la joie immense du peuple de Paris, après cette nuit d'une mêlée sanglante. Les poètes, qui ne sont jamais les derniers à flatter les partis et les pouvoirs vainqueurs, écrivirent des sonnets, des vers, des poèmes, des tragédies en l'honneur des confréries parisiennes qui venaient de débarrasser la cité des huguenots. — Paris n'eut-il pas toujours ses journées qu'il appelle glorieuses ; et le parti qui proscrit l'autre n'est-il pas dans la joie ! — Parmi les pièces de vers les plus remarquables se trouve une *Tragédie de Coligni*[3] étrange par son esprit et par sa forme : Dandelot sort des enfers accompagné des furies ; Coligny le reçoit pour lui révéler ses projets qui sont de transférer la couronne sur sa tête : Admiral mon ami, répond Montgomery, c'est moi qui ai jadis renversé mort Henri II à Paris, j'espère bien encore tuer le roy et renverser son frère. A ces paroles, le peuple françois indigné appelle de ses cris la mort de ce

---

[1] Le 24 août, au malin, Charles IX écrivait : Je suis ici avec le roi de Navarre et le prince de Condé (huguenots), prêts à partager la même fortune. (Lettre autographe, mss. Fontanieu, cartons de 324 à 326.)
[2] Voyez le pamphlet fort gai sur la Saint-Barthélemy : *Déluge des huguenots, avec les noms des chefs et principaux pris et punis le 24e jour d'août 1572.* Paris, Jean Daillier (Biblioth. imp.), recueil de pièces in-8%°, coté L.
[3] *La tragédie de feu Gaspard de Coligni, jadis admiral de France, contenant ce qui advint à Paris le 24 août 1572.*

meurtrier endiablé. Alors commence l'action dramatique. Cette tragédie en vers était entremêlée de joyeux couplets qui se récitaient sur les places et dans les carrefours de Paris où il y avait foule de processions, comme si elles avaient obtenu une grande victoire. Le 25 août, une aubépine fleurit tout à coup au marché des Innocents, le peuple accourut en foule autour de la fleur épanouie : on fit une fête pour célébrer cette manifestation de la nature belle et joyeuse, en faveur de la sainte délivrance1.

Il eût donc été impossible à Catherine de Médicis, à Charles IX de ne pas se mêler à ces manifestations du peuple, à moins d'abdiquer leur pouvoir et de se découronner. Aussi, dès le 27 août, on aperçoit un changement complet dans les actes et les paroles du roi et de sa mère ; peut-être aussi éprouvaient-ils une sorte de satisfaction de ne plus avoir à subir les impératives exigences de Coligny et de ses amis qui chaque jour venaient au Louvre imposer leur volonté dans la politique intérieure et extérieure de l'État2. Après une séance au parlement, dans laquelle M. le président de Thou exalta la grande et merveilleuse prudence du roi et la beauté de l'exécution, une déclaration fut enregistrée au parlement et à l'unanimité, qui portait : Que ce qui estoit advenu l'avoit esté par l'exprès commandement du roy et ne devoit pas contrevenir à ses édits de pacification, mais seulement pour obvier et prévenir une malheureuse et détestable conjuration faicte par l'admiral Coligni, qui en estoit le chef, contre la personne du dit seigneur roy et l'Etat ; de plus contre la royne mère, messieurs ses frères ; pourquoi Sa Majesté fait savoir à toutes personnes quelconques de la religion réformée, qu'elle veut et entend qu'ils puissent vivre en paix, eux et leur famille, femmes et enfans3. Le parlement fit même le procès à la mémoire de Coligny ; ses biens furent confisqués comme rebelle au roi et à l'État ; sa postérité condamnée à l'exil. Le parlement distinguait entre la conspiration et la liberté ; il frappait les rebelles. Les formes légales étaient gardées dans cet arrêt, et les exécutions fatales de la nuit du 24 août étaient approuvées par ce qu'il y avait de plus grave, de plus austère en France, la cour du parlement de Paris.

La politique du conseil était donc de transformer en conspiration réprimée la mêlée sanglante de la Saint-Barthélemy, et de calmer la vive et triste émotion qu'elle avait faite parmi les calvinistes. On aperçoit surtout la véritable pensée de Catherine de Médicis dans une dépêche de l'ambassadeur d'Angleterre4, chargé d'expliquer à sa cour la tendance de la politique de Charles IX. L'ambassadeur de la reine Elisabeth, le marquis de Walsingham, avait manifesté des craintes sur le maintien de l'alliance : Cette alliance, lui répond Catherine de Médicis, n'a pas esté faite avec l'admiral, mais avec le roy ; elle subsiste encore, bien qu'on ait esté obligé de se défaire, pour sa propre conservation, des principaux chefs de la religion réformée. Vous savez bien, monsieur l'ambassadeur, que le roy François Ier et le roy Henri VIII estoient bons amis, et néanmoins, ils ne favorisoient pas le pape également. — Madame, le temps estoit différent : il n'y avoit pas eu encore des entrevues à Bayonne avec Philippe II5. — Geste affaire des ligues de Bayonne, reprit la royne mère, est une détestable invention de l'admiral pour

---

1 *Journal dit de Henri III*, ad annum 1572.
2 *Registre du parlement*, 1572.
3 *Déclaration du Roy sur la cause et occasion de la mort de l'admiral*, le 24 août 1572.
4 Dépêche secrète du sieur Walsingham à M. Smith, secrétaire d'État de la reine Elisabeth, 2 septembre 1572.
5 Allusion à l'entrevue de Charles IX avec sa sœur, femme de Philippe II et du duc d'Albe, ce glorieux soldat des grands jours de bataille.

animer les princes du sang contre la couronne ; à Bayonne il n'y eut que divertissemens et festins : pour prouver ma bonne intention à votre maîtresse, je désire passionnément que le mariage proposé avec le duc d'Alençon s'accomplisse. — L'intention du roy de France est-elle que ses sujets aient la liberté de conscience ? — Oui. — Et l'exercice de religion ? — Mon fils veut qu'il n'y ait exercice que d'une seule religion en France. — Les édits ne seront donc pas exécutés ? — Mon fils a découvert certaines choses qui l'ont forcé à en 'abolir tout à fait l'exercice. — Vous voulez donc, madame, qu'il y ait des gens qui vivent sans aucune espèce de religion ? — Les calvinistes, monsieur l'ambassadeur, seront soufferts tout de même que votre maîtresse souffre les catholiques en Angleterre. — Ma maîtresse n'a rien promis par édit, et si cela avoit été fait, ce seroit observé inviolablement. — La royne votre maîtresse peut gouverner son royaume à sa mode, le roy gouverne la France à la sienne. Telle fut la conversation rapportée par l'ambassadeur dans une dépêche à sa souveraine.

Catherine de Médicis, une fois lancée dans le mouvement répressif, s'y abandonne entièrement : elle en écrit bien à l'aise au roi d'Espagne Philippe II, le roi très-catholique ; on dirait qu'elle veut faire oublier ses hésitations premières : Monsieur mon fils, je ne fais nul doute que vous ne ressentiez comme nous-mesme la heur que Dieu nous a faite de nous donner les moyens, au roy mon fils, de se desfaire de ses sujets rebelles à Dieu et à lui, et qu'il lui ait plu lui faire la grâce de nous préserver et nous tous de tomber dans leurs mains (les rebelles), et cette occasion continuera et augmentera encore l'amitié entre Votre Majesté et le roy son frère, qui est la chose du monde que je désire le plus[1]. Catherine de Médicis espérait se donner un appui dans le roi Philippe II, et trouver en Sa Majesté catholique un instrument de résistance contre la toute-puissance des Guise. Désormais elle se montre, plus que les princes lorrains, dévouée aux opinions, aux idées catholiques triomphantes ; c'est Catherine de Médicis qui préside aux abjurations du roi de Navarre et du prince de Condé[2], dont l'original fut envoyé à Rome. Catherine se substitue aux Guise tant qu'elle peut dans les questions de gouvernement, et ceux-ci, qui ne veulent pas effaroucher la cour par l'expression de leur trop hautaine puissance, se montrent fort respectueux pour Charles IX et pour Catherine de Médicis : il leur suffit d'engager de plus en plus le roi et sa mère dans les voies du catholicisme, de telle sorte que la couronne ne puisse plus s'en séparer. Quand le pouvoir royal dépendra tout à fait des catholiques, rien ne sera plus facile aux Guise, adorés des multitudes, que de s'emparer de l'autorité. Ils n'auront plus à craindre des rivalités et même de concurrence ; le roi et sa mère ne seront plus que des noms sous la main des princes de la maison de Lorraine !

---

[1] *Archives de Simancas*, cote B, 34. Il y a un petit billet de Charles IX joint à celui de sa mère, écrit dans le même sens et avec les mêmes espérances.
[2] Le roi de Navarre et le prince de Condé avaient rédigé et envoyé leur abjuration au pape en termes fort soumis, 30 août 1572.

XVII. — 1573-1574.

On a écrit bien des romans, des drames et des chroniques sur les remords de Catherine de Médicis et de Charles IX à la suite de la mêlée sanglante où les Guise avaient vengé la mort de leur père, comme dans les époques homériques. On a reproduit le roi et sa mère poursuivis par des rêves funèbres et des fantômes dans les sombres nuits de Saint-Germain, de Fontainebleau ou des Tuileries. Récits qui peuvent être fort beaux sous la plume des poètes et des prosateurs, mais auxquels il ne manque qu'une seule chose : la vérité. Rien de ces sombres douleurs ne se reproduit dans la vie de Charles IX et de Catherine de Médicis, par cette simple raison d'abord que, pour sentir des remords, il faut avoir la conviction douloureuse d'une mauvaise action. Or, ce n'est pas ainsi qu'étaient jugées par les contemporains ces tristes scènes de la guerre civile : on s'entre-tuait comme dans un duel ou une bataille1. Il faut juger un temps d'après les idées courantes, et il est curieux même de voir les félicitations qui arrivent de tous les points du monde, au roi et à sa mère, à l'occasion du coup d'État contre les huguenots ; on considère cet événement comme la mesure qui a sauvé la couronne menacée par une conjuration hautement ourdie dans les conseils de Coligny2. Le but qu'on semble ou au moins qu'on espère atteindre, c'est l'unité de foi ou de pouvoir : n'est-ce pas le vœu de toute haute tête politique que de réaliser l'unité d'opinions et de partis ?

Loin qu'on remarque donc une grande tristesse autour de Charles IX et de Catherine de Médicis, c'est au contraire un temps de fêtes et de distractions. Les splendeurs de Florence brillent de tout leur éclat dans les plans que Catherine de Médicis trace elle-même des jardins des Tuileries, des nouveaux quartiers en l'Ile, sur les quais de la Seine, avec de riches hôtels, qui lui rappellent les palais de l'Arno. (Aujourd'hui encore la ressemblance est parfaite), et Charles IX, dans ses joies de jeune homme, remplit le palais de ses jeux bruyants, du son du cor, sa distraction favorite : armures, meubles d'or, d'argent ciselé d'acier ou parsemé de pierreries, tout est d'un goût parfait, de la plus belle renaissance : artistes et poètes ont un entraînement invisible pour cette race des Valois, si prodigue, la main toujours ouverte. Catherine de Médicis est parvenue à effacer la coutume des tournois, où périt son époux Henri II, et à lui substituer les carrousels, les jeux de bagues, de paume et de bilboquet ; un peu d'énervement par le plaisir était nécessaire à ces gentilshommes qui avaient trop de sang vif et bouillonnant dans les veines : à tout prix, il fallait les distraire, et Catherine de Médicis favorisait toutes les fêtes du cœur et de l'esprit. La chasse seule était restée des vieilles habitudes féodales ; Catherine de Médicis en raffolait comme une jeune fille, souvenir de l'époque de François Ier ; alors à l'âge de cinquante-trois ans, elle conservait des grâces particulières, et, comme le dit Brantôme, cette main qu'elle avoit toujours gardée et tenue belle jusqu'à sa mort.

Loin d'affaiblir l'autorité du roi, la triste bataille contre les huguenots avait fortifié l'action du pouvoir en dehors de la monarchie, et c'est à cette époque qu'eut lieu

---

1 On frappa même des médailles commémoratives en l'honneur de la Saint-Barthélemy, avec ces légendes : *Virtus in rebellis.... Pietas excitavit justitiam.*
2 Voyez la lettre de félicitations du roi Philippe II dans les *Archives de Simancas*, 3 septembre 1572. *Archives de Simancas*, B, 32.

l'élection du duc d'Anjou comme roi de Pologne1. Fils de prédilection de Catherine de Médicis, le duc d'Anjou, grand et courageux capitaine, était réputé fort catholique, et le parti calviniste avait imposé la condition de l'éloigner de France, pour lui substituer le dernier fils de Catherine de Médicis, le duc d'Alençon, favorable aux huguenots et fiancé à Elisabeth d'Angleterre. Le duc d'Anjou, élu roi de Pologne, n'avait pas cessé un moment d'avoir les yeux tournés vers la France qu'il adorait. A son départ de Paris, la reine mère, que la santé de Charles IX inquiétait déjà, lui avait promis de le tenir au courant des moindres incidents de la cour, et ces indices devenaient alors assez considérables pour être remarqués par le prince qui avait laissé en France ses joies et ses amours.

La Saint-Barthélemy avait assuré le pouvoir de la maison de Lorraine. Catherine de Médicis, depuis cette sanglante mêlée, n'avait eu qu'une seule pensée : empêcher les Guise de s'emparer de la direction exclusive du parti catholique, et pour cela il fallait contenir le parti même qui triomphait. Jamais la reine mère n'avait abdiqué ce caractère de modération, alors même qu'elle était forcée de subir la loi des opinions extrêmes. On la voit temporiser, hésiter sans cesse, expliquer par l'exécution des lois : Monsieur de Schomberg, écrit-elle à son ambassadeur en Allemagne, mon cousin le landgrave de Hess m'escrit et prie que lui fasse tant envers le roy monsieur mon fils pour qu'il veuille reprendre en grâce les enfans du feu admiral ; je vous dirai, monsieur de Schomberg, que j'en ai parlé à mon dit sieur et fils qui le prie de considérer que les choses (un arrêt du parlement) se sont passées par les lois de son royaume et par le jugement de princes et conseillers les plus recommandés en probité, et de tels jugements il ne peut faire aucune grâce, ni empêcher le cours de la justice. Vous ferez entendre ce que dessus à mon dit cousin et vous ferez dextrement les excuses de ce que mon dit fils ne lui peut accorder2.

Ce caractère de tempérance et de modération n'était pas seulement dans les habitudes de la reine mère : il était encore habile dans l'état des âmes. Paris n'était pas la France, et 'on craignait des rébellions dans les provinces où les calvinistes étaient organisés comme une grande force : on dénonçait cette violation manifeste de l'édit de pacification, et les huguenots prenaient les armes. Ce qui donnait un caractère plus grave à cette insurrection, c'est qu'elle trouvait sa force et son appui à l'étranger dans tous les pays de la réformation : Suisse, Angleterre, Hollande, Allemagne, profondément indignés de la fatale exécution3 ; et ces Etats pouvaient fournir des hommes et des subsides de guerre ! De plus, les calvinistes allaient trouver une force considérable dans le tiers parti de Montmorency, qui repoussait la responsabilité de la Saint-Barthélemy. L'histoire de ce tiers parti est curieuse à étudier ; dédaigné par toutes les opinions fortes et triomphantes, on revenait à lui dès qu'on était vaincu ou affaibli. Ainsi les huguenots, sous Coligny, lors de leur toute-puissance à la cour, raillaient les Damville, les Montmorency, les parlementaires modérés, et voulaient même les éloigner de toutes les affaires actives ; mais, frappés et vaincus dans la nuit du 24 août, ils se tournèrent vers les *politiques*, qui, à leur tour, leur tendirent la main en méfiance et haine de la maison de Guise. Par son

---

1 Tout ce qui est relatif à l'élection du duc d'Anjou, roi de Pologne, se trouve dans les portefeuilles Fontanieu, n° 327, 328.
2 Mss. de Béthune, vol. coté 8821, fol. 16. La lettre est originale et autographe.
3 Ce sont les dépêches de M. de Schomberg qu'il faut consulter sur ce point. (Mss. de Séguier, n° 1504, fonds Saint-Germain, Bibliotb. imp.)

irrésistible tendance, Catherine de Médicis aimait aussi à placer sa confiance dans les mains de ce tiers parti, et le commandement des armées leur fut longtemps confié. Aussi la guerre contre les calvinistes, maîtres encore de leurs places de sûreté, fut-elle mollement conduite par Damville, et déjà les catholiques, sous les nobles enfants de Guise, murmuraient, lorsqu'on fut instruit d'un nouveau projet de conjuration concerté entre les calvinistes et le tiers parti contre le pouvoir de Catherine de Médicis[1] ; car cette époque est tout exceptionnelle. Il ne faut pas la juger avec les habitudes d'un temps calme et civilisé ; la réformation avait constitué un étal de guerre civile permanent : c'était une idée nouvelle, pleine de troubles et de sang.

Le centre de la conjuration était le Languedoc, alors inondé de pamphlets huguenots et politiques, et où commandaient les maréchaux Cossé, Montmorency, Damville ; on prenait pour point de départ la promesse toujours populaire de la convocation des états généraux ; on laissait le maladif Charles IX expirer doucement. Le duc d'Anjou, roi de Pologne, était déclaré déchu de la couronne que Ton promettait comme succession au duc d'Alençon, fiancé à la reine d'Angleterre, avec l'alliance de la Suisse, des Pays-Bas et de l'Allemagne protestante. Comme moyen d'exécution, on devait d'abord avertir le roi de Navarre et le prince de Condé, alors retenus à la cour de Catherine de Médicis ; puis profiter des folies du carnaval, des distractions bruyantes qu'aimait tant le roi poète, enfant joyeux, si plein de fantaisie et de nonchalance, pour délivrer les princes captifs et les placer à la tête de la révolte[2]. Catherine de Médicis, prévenue à temps de ce complot, ordonna que le roi, entouré de sa garde fidèle, se retirerait à Saint-Germain. On fit arrêter deux gentilshommes, l'un du nom de La Molle, d'origine provençale, l'autre Piémontais, du nom de Coconas. Tous deux révélèrent le but de la conjuration. Le roi Charles IX, ramené à Paris, au milieu du peuple catholique, fut salué avec enthousiasme parla multitude qui aimait ce prince si gentil, si gracieux, adoré des métiers, ouvriers et artistes.

Catherine de Médicis présida avec fermeté à tous les actes de répression de ce complot : elle avait interrogé le roi de Navarre et le prince de Condé : d'après leurs réponses, pleines d'aveux et de faiblesses, on avait procédé au procès sérieux contre La Molle et Coconas. Comme il fallait d'abord détacher le duc d'Alençon de toutes ces intrigues contre la couronne, la reine mère le fit venir en sa présence : Qu'avez-vous fait, mon fils François, et voulez-vous bien vous haster de désavouer tout ce qui a été conçu en votre nom. Et en présence de cette mère puissante et irritée, d'Alençon écrivit la déclaration suivante[3] : Nous, fils et frère de roy, pair de France, ayant entendu qu'aucun imposteur eût méchamment dit et semé de faux bruits contre nous, notre honneur et le devoir que nous voulons toute notre vie porter au roy, notre souverain seigneur et frère, en ce qu'ils disent que nous favorisions l'entreprise qui fut dernièrement faite à Saint-Germain et que nous devions devenir leur chef, nous avons supplié très-humblement S. M. de faire connoître notre droite intention, et nous permettre faire cet escrit signé de notre main, et de courre sus à ceux qui lui sont rebelles et troubleront le repos et tranquillité de ce royaume.

---

[1] On trouve la révélation de tous ces projets dans les interrogatoires subis par Coconas, 13 avril 1574.
[2] Interrogatoire et déposition, tant de Monsieur, frère du roi, que de MM. de La Molle et Coconas. (Mss. Béthune, vol. coté 8926, fol. 90.)
[3] Biblioth. imp. Recueil de pièces in-8°, coté I, pièce 30. Mss. Béthune, n° 8926, fol. 90.

Une déclaration presque semblable fut dictée au roi de Navarre[1], qui pleura bien piteusement et à chaudes larmes sur son innocence ; Henri de Béarn fut sans fermeté et sans dignité : on fit mille recherches, et ce qui parut surtout préoccuper Catherine de Médicis, ce furent les images de cire qu'on avait trouvées chez La Molle et chez le duc d'Alençon : cela tenait à ses superstitions d'Italie ; on croyait aux maléfices des piqûres d'épingle dans une figure de cire. A ce sujet, maître Cosme Ruggieri, l'astrologue, fut arrêté et interrogé, car on l'accusait d'être l'auteur desdites figures, et il existe en autographe une curieuse lettre de Catherine de Médicis, inquiète et tremblante, adressée au procureur de S. M. en parlement[2] : Monsieur le procureur, ce soir on m'a dit que Cosme ne disoit rien ; c'est chose certaine qu'il a fait ce que mon fils d'Alençon avoit sur lui et que l'on m'a dit qu'il a fait une figure de cire à qui il a donné des coups à la teste, et que la dite figure a esté trouvée parmi les besognes de La Molle ; et qu'aussi au logis où il estoit à Paris, il a beaucoup de méchantes choses, comme des livres et des papiers : je vous prie que vous me mandez tout ce que Cosme aura confessé et si la dite figure a esté trouvée, et au cas qu'elle le soit, de faire que je la voie. *Catherine*. L'esprit alarmé de la reine mère se révèle dans ces pièces autographes, car à ce moment Charles IX dépérissait à vue d'œil d'une maladie du poumon : la tendresse maternelle en recherchait la cause avec une vive sollicitude. On croyait que des piqûres faites à des figures de cire occasionnaient la douleur et la mort. La reine mère écrit encore au procureur général pour aider l'information : Incontinent que Cosme[3] fut pris, il demanda si le roy vomissoit, s'il saignoit encore et s'il avoit douleurs de teste.... que l'on sache la vérité du mal du roy, et qu'on lui fasse défaire : s'il a fait quelque enchantement pour faire aimer La Molle à mon fils d'Alençon, qu'il le défasse. A onze heures du soir, 29 avril. *Catherine*[4]. Ici se révèle toujours la mère attentive, superstitieuse, alarmée, gardienne de la santé et de la vie de ses enfants. Comment expliquer les monstrueuses accusations que les huguenots ont réunies contre Catherine de Médicis ? La reine mère aimait tendrement ses fils, et Charles IX par-dessus les autres. Elle voyait se flétrir cette douce fleur, comme elle l'écrit à M. de Nevers[5].

---

[1] Interrogatoire et déposition du roi de Navarre, 13 avril 1574.
[2] Lettre de Catherine de Médicis au procureur général La Guesle. (Mss. Béthune.)
[3] Cosme Ruggieri.
[4] Mss. Béthune, autographe.
[5] Mss. Béthune, autographe.

XVIII. — 1574.

Catherine de Médicis avait mis une ardeur particulière à poursuivre la conjuration de La Molle et Coconas, entreprise hardie conçue en plein carnaval, pour arracher le pouvoir à la reine mère, et faire passer la couronne de France, de la tôle du duc d'Anjou, roi de Pologne, héritier naturel, sur celle du duc d'Alençon, prince chéri des huguenots. A cette époque, Charles IX était très-sérieusement menacé par une maladie du poumon, contractée à la suite de ses violents exercices : à chaque heure du jour il sonnait du cor à toute voix, montait à cheval, jouait à la paume, faisait des tours de souplesse surprenants, sans prendre garde à sa santé un peu frêle. Cette maladie très-dangereuse était simple, naturelle, comprise des médecins, et c'est puérilement qu'on a supposé une transpiration de sang, que Dieu lui infligeait comme un remords. Les écrivains huguenots, qui l'avaient tant adulé à son avènement, se déchaînaient contre lui avec rage. Charles IX s'éteignait d'une maladie de poitrine[1], qui tenait à son tempérament fougueux, impressionnable, à un vice de sang peut-être que les Valois tenaient de leur chef de race, et enfin, à leur peu de souci de la vie dans les jeux, les fêtes, les exercices, les grandes chasses en plein soleil ou dans des régions froides, humides, au milieu des forêts épaisses, dans les marais, les étangs, au courre du cerf ou du sanglier. A mesure que la maladie empirait, le roi réglait les points essentiels du gouvernement, la régence actuelle du royaume, puis après sa mort (durant la transition du règne), il confiait le pouvoir à la reine, sa très-honorée dame et mère : avec pleine autorité et puissance d'ordonner et commander, tant aux princes de notre sang qu'autres, nos cours de parlement, maréchaux de France, gouverneurs de province. Un autre édit reconnaissait et proclamait le droit du duc d'Anjou, roi de Pologne, au trône de France, et en attendant, notre dite dame et mère aura toute-puissance et autorité d'ordonner ce qu'elle croira devoir être fait pour faire rendre l'obéissance au dit roy de Pologne, notre dit frère, faisant châtier et punir toutes les désobéissances[2]. Catherine de Médicis, ainsi maîtresse du gouvernement, avec tous les pouvoirs de la souveraineté, crut nécessaire de s'assurer le concours du duc d'Alençon, du roi de Navarre, du prince de Condé, presque captif sous sa main. Le roi mourant leur dit : Faites tout ce que la royne, ma mère, vous commandera, et lui obéissez comme à moi-mesme. Madame, ajouta-t-il, poursuivez les perturbateurs du repos public. Puis reprenant toute sa véhémence il lui dit encore : Poursuivez, madame, je vous en prie affectueusement, les perturbateurs. Le roi les avait vus à l'œuvre, et il voulait éviter leurs excès.

Il faut fouiller dans les pamphlets orduriers des huguenots, je le répète, pour trouver cette mort de Charles IX fantastique, pleine de remords sanglants, et ces mots puérils et grotesques que les histoires vulgaires ont mis dans la bouche du roi pendant sa lente agonie. Charles IX mourut avec fermeté et douceur, comme un noble jeune homme, dans les bras de sa mère. Ce prince artiste, ami des vers, de la douce vie, fut très-vivement regretté, et mille strophes touchantes furent jetées sur sa tombe :

---

[1] Une congestion aux poumons, ainsi que le disent les médecins dans leur rapport journalier à la reine mère. (Mss. Béthune.)
[2] *Registres du Parlement*, vol. XXIX, fol. 131 ; cet édit fut enregistré solennellement.

> L'amour qu'il portoit à outrance[1]
> A notre désolée France,
> La faict mourir avant le temps,
> Tout ainsi qu'on verroit un père
> Accablé de tristesse amère,
> Mourir d'ennui pour ses enfans.
> Sa beauté, sa gentille grâce ;
> La gravité peinte en sa face,
> Et sa naturelle bonté
> Abattront la cruelle rage,
> Et feront rougir le visage
> De l'ennemi plus effronté.

Rien de plus doux et de plus triste que les paroles jetées sur sa tombe par ceux qui l'avaient connu et aimé. Et qui, bon Dieu, ne regretteroit la beauté d'une tendrelette fleur (Charles IX), qui n'est sitost épanouie qu'une tempeste, ou Je tranchant d'un soc ne renverse et fasse périr ? Et qui par mesme moyen pourroit avoir le cœur si ferme ou plutôt si obstiné, qui, voyant la jeunesse de notre bon prince sitost renversée et fanée, que la beauté et la fleur de son âge commençoit à flairer et se rendre odoriférante devant toutes les nations du monde, ne le regretteroit ? Mort, combien amère est ta mémoire[2].

Les funérailles de Charles IX furent une véritable douleur publique : on y voyait cinq cents pauvres vêtus de deuil, les confréries de métiers, marchands, échevins, pleurant à chaudes larmes, et pendant plusieurs semaines tous les plaisirs furent suspendus : on ne vit même pas une joie domestique dans la bonne ville de Paris. Les Recueils publics d'alors disent les regrets que souleva la mort de ce gentil roi. Les artistes surtout le regrettèrent : Charles IX portait l'élégance, la richesse de la forme dans toute sa royale personne. Nul n'avait de plus beaux vêtements, de plus riches armures : ses arquebuses, ses épées, son casque, ses cuissards, brassards, et jusqu'à sa cotte de mailles étaient des chefs-d'œuvre artistiques. Il existe encore quelques-uns de ces coffrets de Florence dans lesquels il renfermait ses eaux de senteur et ses gants parfumés. Tout respire le goût et l'élégance, et toutes ces joies, ces plaisirs, ces fêtes, le jeune roi les quitta avec une force d'âme, un mépris religieux que donne la foi. Une gravure contemporaine reproduit le lit de mort où repose ce prince de vingt-trois ans.

Tout était réglé autour de ce lit pour la régence de Catherine de Médicis, et c'est ici une fois encore que l'esprit tempéré de la reine mère se montre libre et tout entier. Le lendemain de la mort du roi elle écrit aux gouverneurs de province : Mon cousin, vous avez cy-devant pu entendre la maladie du feu[3] roy, monsieur mon fils, lequel connoissant enfin que Dieu vouloit l'appeler à lui, a voulu me remettre la charge de gouverner le royaume, en attendant le retour du roy de Pologne, monsieur mon fils : quelque temps après il a rendu l'esprit et quitté les misères de cette vie, m'ayant laissé une bien grande et naturelle douleur, qui me fait désirer de quitter et remettre toute affaire, pour chercher quelque tranquillité de vie : néanmoins, vaincue de l'instante prière qu'il m'a faite par son dernier

---

[1] A Paris, chez Guillaume Chaudière, rue Saint-Jacques, à l'enseigne *du Temps et de l'Homme sauvage*, juillet 1574.
[2] *Discours sur le très-chrétien roy de France Charles IX, piteux et débonnaire, amateur des bons esprits*, Paris, juillet 1574.
[3] Cette lettre est dans les mss. Béthune, vol. coté 8758, fol. 69.

propos d'embrasser cet office au bien de cette couronne, j'ai esté contrainte d'accepter la dite charge, espérant que Dieu me fera la grâce, assistée de la bonne volonté démon fils, le duc d'Alençon, et du roy de Navarre, mon beau-fils et autres bons serviteurs de cette couronne, de conduire toutes choses en telle modération, que ce désastre n'altérera en rien la tranquillité de cet Estat.... Sur quelques-unes de ces dépêches, en *post-scriptum*, on lisait[1] : La maladie du feu roy a esté une grosse fièvre continue causée par une inflammation de poulmons, que l'on estime être procédée de violents exercices qu'il a faits.

Il n*est pas inutile de remarquer que dans cette lettre adressée aux gouverneurs de province, la reine Catherine de Médicis insiste pour constater que le roi de Navarre et le duc d'Alençon sont auprès d'elle et partagent ses travaux dans le conseil. Ces deux princes, récemment compromis dans la conjuration de La Molle et Coconas, avaient des amis, de nombreux partisans parmi les huguenots et les politiques ; l'esprit calme et habile de Catherine de Médicis voulait ainsi prévenir toute effervescence, tout renouvellement de guerre civile. La France en avait besoin en attendant l'arrivée du roi de Pologne, auprès duquel la reine avait député trois confidents intimes pour hâter son retour, car une nouvelle entreprise au nom du duc d'Alençon était à redouter. Dans des lettres patentes, datées de Cracovie, le roi de Pologne qui, pour la première fois, prend le nom de Henri III et le titre de roi de France, confirme la régence de Catherine de Médicis avec puissance d'ordonner et de commander[2]. Cinq ordonnances restent encore de cette régence de Catherine de Médicis : la première dirigée contre les gens de guerre qui oppriment le peuple ; la seconde réglemente les cabarets ; une autre défend l'exportation de l'or et de l'argent ; la dernière est relative à un impôt de deux millions spécialement levé sur le clergé. Un des actes les plus significatifs de cette régence de la reine Catherine de Médicis, ce fut le procès en parlement et l'inexorable exécution du comte de Montgomery. Ce haut féodal, agissant par les instigations de la reine Elisabeth, avait porté les armes et la rébellion dans la Normandie ; il fit sa soumission et demanda la vie sauve : néanmoins Catherine de Médicis fit le procès au comte de Montgomery, qui fut exécuté en place de Grève[3] : acte de souvenir et de vengeance contre celui qui avait porté un coup de lance au roi Henri II, premier deuil dans la vie de Catherine de Médicis qui ne l'avait point oublié. Elle croyait que le coup de lance n'était pas de hasard, et que le parti protestant avait voulu se défaire de Henri II. De là sa vive haine contre Montgomery[4]. Catherine écrivait à ce sujet à M. de Matignon : Mon cousin, attrapez ce malheureux comte qui est cause de tant de maux en ce royaume ; faites en sorte qu'il ne s'échappe point, car vous m'osteriez un bien grand plaisir ; je désire faire bonne et exemplaire justice. Matignon, si vous me faites le service de prendre tout vif Montgomery et de me l'amener, je l'estimerai le plus grand service que vous pouvez faires[5]. Il y avait évidemment dans cette joie de la vengeance, un souvenir du fatal tournoi qui avait coûté la vie à Henri II.

Le péril que voulait conjurer Catherine de Médicis surtout, c'était l'union des calvinistes et des politiques dans les provinces du midi de la France, et réalisée par l'assemblée de Milhaud, tout entière dirigée contre la royauté de Henri. Elle

---

[1] Mss. Béthune, coté 8758, fol. 69 ; vol. coté 8765, fol. 94.
[2] Ces lettres sont du 15 juin 1574. *Registres du Parlement*, vol. II, coté fol. 165.
[3] *Recueil de Fontanieu*, 1574-1575.
[4] Cette lettre si curieuse est dans les mss. Béthune, 19 mai 1674, vol. coté 8764, fol. 24.
[5] *Discours de la mort et exécution de Gabriel, comte de Montgomery, pour conspiration contre le Roy et l'Estat*.

craignait surtout que cette ligue n'appelât les reîtres et les lansquenets à son aide, ainsi que les Anglais d'Elisabeth : le maréchal Damville paraissait l'âme de ce projet, et, pour arriver à ce but, les conjurés devaient détruire l'autorité morale et politique de Catherine de Médicis. A cette époque parurent les pamphlets les plus violents contre la reine mère. Le plus infâme, le plus atroce de tous porte ce titre : *Discours merveilleux de la vie, actions et déportements de la reine Catherine de Médicis*. Il attaquait la vie intime et publique de la reine de France1 ; on l'attribuait à plusieurs des plus fougueux calvinistes : il est d'Henri Estienne, un de ces érudits qui cachaient sous une science minutieuse l'âme la plus jalouse, la plus intéressée, l'esprit le plus remueur, le pins intrigant. Il avait été protégé, secouru par Catherine de Médicis dans les misères de sa vie errante et tracassée ; il reçut des encouragements de Charles IX et de Henri III pour le sauver de sa ruine, et une pension de la reine. Il prouva sa reconnaissance par un infâme libelle de parti. C'est qu'en effet le parti calviniste était dans un moment d'exaltation et de résistance. Assemblé à Milhaud, il refusait de reconnaître la régence de Catherine de Médicis ; les politiques demandaient hautement la convocation des états généraux pour enlever le pouvoir à la reine mère ; et pour atteindre ce but, il fallait la calomnier par des libelles. Catherine de Médicis, dans ces circonstances difficiles, hâtait par ses lettres le retour de Henri III toujours en Pologne ; elle avait assuré la couronne à ce fils bien-aimé qui devait rester pour elle plein de reconnaissance. La présence du roi mettrait sans doute fin à la régence ; mais elle donnerait une nouvelle force à l'autorité morale de la reine mère, si honorée de son fils. Henri ne ferait rien que par elle, car il lui devait la couronne. Quand le roi s'enfuit de Pologne, où il se croyait captif sous ces froids brouillards, il avait vingt-trois ans2, et nul des enfants de Catherine ne reflétait mieux son caractère et son esprit. Il avait les habitudes magnifiques, chevaleresques des Valois, l'amour des fêtes et des plaisirs, un courage ardent, des amitiés vives, des antipathies profondes3, une capacité incontestée dans les arts de la guerre, une bravoure à l'épreuve qui dominait ses autres qualités, comme le cimier d'un beau casque surmonte les armoiries. Catherine de Médicis savait bien ce qu'elle faisait en le plaçant sur le trône. Henri (autrefois duc d'Anjou) était le seul qu'on pouvait opposer aux Guise, parce qu'il était chéri des catholiques, le seul assez brave, assez soldat pour être opposé au duc d'Alençon, au roi de Navarre, les idoles du parti protestant. Il s'agissait d'empêcher la double ligue des catholiques et des huguenots ; Henri III réunissait précisément les conditions nécessaires pour réaliser les deux conditions indispensables au développement du pouvoir de Catherine de Médicis, qui espérait toujours l'apaisement des passions par un système de tempérance politique.

Après avoir visité Venise et l'Italie, Henri III débarqua dans la Provence ; il s'arrêta quelques jours à Avignon, cité pontificale, et il y fit acte d'ardente adhésion au catholicisme4. En Italie, à Venise, à Florence, à Milan, il avait vu dans tout leur éclat les confréries de pénitents de couleurs diverses, consacrées au service des souffreteux, et ces processions brillantes avaient laissé de doux souvenirs dans l'imagination de Henri III. Toute l'éducation qu'il avait reçue de

---

1 Ce pamphlet parut d'abord en latin, sous ce titre : *Legenda Catharinæ Medicæ matris vitæ, actor et consilior, quihus universum regni Galliæ statum turbare conatam est*, 1576, in-8°.
2 Né le 19 septembre 1551, à Fontainebleau.
3 Henri III avait quitté la Pologne en fugitif, le 19 juin 1574.
4 *Journal du roy Henri III*, éd. de 1744, t. I, p. 109.

Catherine de Médicis était italienne et florentine, bariolée de noir et de blanc, comme ses édifices un mélange de piété et de galanterie, l'esprit de ces bravi toujours l'épée au poing, aux pieds de la madone ou de leur dame, une grande légèreté d'esprit, la gaieté et la tristesse à la fois, la mort et l'amour, la Madeleine et son chapelet osseux, les fleurs, les fruits aux couleurs brillantes et le ver qui les ronge : double caractère qui se révèle au cœur de Henri III durant tout son règne. Arrivé dans la cité pontificale d'Avignon, je le répète, le nouveau roi de France assista très-dévotement à toutes les démonstrations publiques en faveur du catholicisme : Le roi estant à Avignon, va à la procession des battus et se fait de leur confrérie ; la royne mère, comme bonne pénitente, s'en fait aussi, et son gendre, le roy de Navarre, que le roy disoit en rien n'estre propre à cela. Il y avoit trois sortes de pénitens au dit Avignon : les blancs, qui estoient ceux du roy ; les noirs, ceux de la royne mère, cl des bleus, qui estoient ceux du cardinal d'Armagnac[1].

Ces démonstrations catholiques, qui, au reste, s'alliaient aux mœurs faciles des Valois, avaient pour but politique de lutter contre l'influence de la maison de Guise, toute-puissante maîtresse des esprits. Tel était le conseil incessant de la reine mère, qui voyait dans la maison de Lorraine la seule rivalité redoutable pour les Valois ; on avait essayé de l'alliance avec les chefs calvinistes, à quoi avait-elle abouti ? Sans donner au roi l'appui sincère des huguenots, cette alliance avait contribué à grandir le pouvoir du duc de Guise et à la terrible réaction de la Saint-Barthélemy. Il est toujours habile à un pouvoir de se placer à la tête de la majorité en la tempérant, et c'est ce que voulut accomplir le roi Henri III par sa profession publique et manifeste du catholicisme. Il se rendit d'abord à Reims pour la solennité du sacre, cérémonie toute pontificale, où le roi jura sur les saints évangiles d'extirper les hérésies. Son retour fut religieusement splendide, accompagné de processions au milieu des confréries et des châsses de reliques. Le roy séjournant à Paris le long du caresme de 1576, va tous les jours par les paroisses et églises, l'une après l'autre, ouïr les sermons, la messe et faire ses dévotions[2]. A cette époque, par le conseil de Catherine de Médicis, Henri III épousa la princesse de Lorraine Vaudemont, la sœur de Guise, gage vivant de l'alliance catholique[3]. Depuis, le roy alloit de costé et d'autre se promener avec la royne, visiter les monastères des nonains, disant son chapelet avec grande dévotion.

Ces pieuses préoccupations de Henri III ne l'absorbaient pas tellement qu'il ne pût conserver son goût des arts, des lettres, des fêtes splendides et des carrousels, jeux de bague, discours de beaux esprits. Roi grammairien, qui négligeait les affaires publiques, comme on le disait alors, pour se faire lire les beaux dires et les exploits des temps passés. Autour de lui on ne parlait que de la fable, des églogues virgiliennes. On publiait *Adonis ou le trépas du roy Charles IX*, églogue de chasse ; les *Dauphins ou le retour du roy*, églogue marine avec le *chant des Syrènes*, épithalame sur son mariage[4]. Ce goût des doux loisirs, des plaisirs, de la dévotion et de l'esprit soulevait contre lui les pamphlets

---

[1] Il existe aux imprimés de la Bibliothèque impériale un volume qui contient en estampes coloriées, tous les costumes des pénitents du XVIe siècle. (*Journal de Henri III*.)
[2] *Journal de Henri III*, 1575.
[3] Voyez dans la Bibliothèque Fontanieu (Recueil des pièces in-4°, vol. 89, fol. I), tout ce qui fut publié à celle époque de l'avènement du roi Henri III et de son union avec les Guise.
[4] Bibliothèque de M. de Fontanieu. Recueil de pièces in-4°.

prétentieux du vieux parti qui lui donnait les titres qu'on va lire : Henri III, par la grâce de sa mère, inerte roy de France et de Pologne imaginaire, concierge du Louvre, marguillier de Saint-Germain l'Auxerrois, baste-leur des églises de Paris, gendre de Colas, goudronneur des collets de sa femme et friseur de ses cheveux, mercier du palais, visiteur des estuves, gardien des quatre mendians, père conscrit des blancs battus et protecteur des capucins[1].

Ces pamphlets, partout répandus, préparaient la prise d'armes des huguenots et leur prochain rapprochement avec les politiques. Le duc d'Alençon, si surveillé par Catherine de Médicis, engagé envers la reine par un serment solennel à ne plus faire la guerre civile, s'était enfui de la cour pour la Normandie, province qui pouvait recevoir les Anglais ; c'était là toute la crainte de la reine mère que cette intervention des étrangers. Les huguenots ne traitaient-ils pas de tous côtés ? en Allemagne, pour obtenir des reîtres et des lansquenets ; auprès d'Elisabeth qui promettait des subsides et des troupes anglaises. Catherine de Médicis s'épuisait toujours en efforts pour éviter la guerre civile ; elle écrivait au prince de Condé : Mon cousin, j'ai dit franchement à ce porteur que quand tous voudriez croire le conseil que je vous ai toujours donné, qui est de ne point prêter l'oreille à beaucoup de gens qui sont autour de vous, mais de prendre le vrai chemin pour rendre au roy, mon fils, le devoir d'obéissance, auquel vous lui êtes naturellement obligé, je crois que vous vivriez plus content que vous ne faites à cette heure. Ce que je vous prie de considérer et vous remettre souvent devant les yeux[2]. Conseil perdu quand les partis sont décidés à courir les hasards des batailles !

---

[1] *Journal de Henri III*.
[2] Mss. Colbert, vol. XXIX, gros reg. parchemin.

XIX. — 1676-1579.

Catherine de Médicis s'efforçait donc en vain d'apaiser les âmes ardentes, de les ramener au devoir envers l'autorité royale déposée dans ses mains, et l'on use à ce labeur incessant l'énergie la plus puissante, la force la plus active ; nul ne vous écoute, on devient l'objet et le but constant des pamphlets, des attaques immodérées, fatales, et le plus souvent on succombe à l'œuvre de modération qu'on s'était imposé le devoir de réaliser. Ainsi fut la reine mère à cette époque si profondément agitée ; cette fois encore la paix publique était violemment menacée : le duc d'Alençon venait de quitter la cour pour prendre les armes ; à aucun prix Catherine de Médicis ne voulait l'invasion des reîtres et lansquenets dévastateurs sur le territoire de la monarchie ; elle envoya le duc du Biron, brave soldat du parti modéré, pour essayer une pacification nouvelle ; elle concédait tout[1] aux mécontents afin d'éviter la présence en France des étrangers que le prince de Condé venait d'appeler à son aide par son traité avec les princes allemands.

Le parti catholique s'inquiétait de cette tendance molle et indécise de Catherine de Médicis à l'avènement de Henri III ; le bruit que la reine voulait se rapprocher des huguenots et leur accorder la liberté des prêches se répandait au loin : l'ambassadeur d'Espagne s'en plaignit à Catherine de Médicis : La royne me dit, écrit à son maître l'ambassadeur de Philippe II, que les affaires de son royaume réclament la paix ; mon fils y réfléchira bien, il est entouré d'un bon conseil, et avant de se décider il s'assurera de tout[2]. L'ambassadeur s'alarmait du voyage de la reine mère subitement résolu ; elle devait se rendre elle-même auprès du duc d'Alençon et réclamer la paix : Je crois la trêve indispensable, écrit la reine mère à Henri III, quoique les conditions soient dures ; il faut rompre avant tout les engagemens que le duc d'Alençon va contracter avec la royne d'Angleterre et les princes d'Allemagne[3]. Ainsi, pour préserver la France de l'invasion des retires, fut signée la libérale trêve de Champigny, qui accordait au prince de Condé : Angoulême, Niort, Bourges, la Charité et Mézières comme places de sûreté ; le libre exercice du prêche, 300.000 livres d'indemnité pour les reîtres, enfin toutes les garanties pour assurer la liberté de conscience et du prêche. Chaque fois que l'action de Catherine de Médicis se faisait sentir dans les affaires, la liberté de conscience était proclamée.

Les catholiques, profondément blessés de ces concessions nouvelles, entouraient avec plus de zèle et plus d'ardeur encore le duc de Guise, car lui ne traitait pas avec les huguenots comme la reine mère, il les battait à outrance en pleine campagne, dispersant les reîtres du bout de sa grande épée, pour la délivrance du royaume. Il reçut dans cette glorieuse lutte une balafre en plein visage, comme son père ; noble blessure qui le rendit l'idole des catholiques, tandis que la reine mère faisait signer à Henri III la paix de 1576[4], qui reconstituait la féodalité au profit du protestantisme sous le duc d'Alençon. Celui-ci prenait le titre de duc d'Anjou, qu'avait porté son frère, devenu Henri III, avec son

---

[1] *Portefeuille Fontanieu*, n° 339-340.
[2] *Archives de Simancas*, B, 38.
[3] *Portefeuille Fontanieu*, n° 339, 340.
[4] Les articles secrets de cette paix étrange se trouvent dans les mss. de Colbert, vol. LXIV, in-fol., p. 890.

immense apanage. Le roi de Navarre et le prince de Condé recevaient chacun des indemnités considérables pour tenir lieu de leur équipage de guerre et des dépenses que la guerre avait occasionnées.

Il était évident qu'une fois ce traité signé, le parti catholique, qui n'avait plus dans le roi Henri III et dans Catherine de Médicis la représentation suffisante de ses intérêts et de ses forces, devait s'organiser en dehors de la royauté des Valois. De là naquit la belle et nationale association de la Ligue ; jusqu'ici elle existait en germe dans les esprits. Mais la formation de la Ligue, comme gouvernement politique, cherchant un chef en dehors des Valois et des Bourbons, doit se reporter à la paix de 1576, si favorable aux huguenots. L'auteur de la première formule de la Ligue, l'avocat David, ne faisait qu'exprimer un fait accompli ; il y ajoutait un mémoire fort curieux pour prouver que la famille des Capets avait perdu ses droits par la trahison des Valois, et que la couronne de France devait faire retour aux catholiques princes de la maison de Lorraine, héritiers de Charlemagne, dont les Guise étaient les glorieux représentants[1]. Cette conclusion excitait une très-vive inquiétude dans l'esprit de Catherine de Médicis. De là des appréhensions contre les projets des Guise, si hauts, si populaires parmi les catholiques. Catherine s'efforçait toujours de négocier en dehors d'eux, afin d'amoindrir leur puissance : les Guise, maîtres de la Ligue, devaient l'être tôt ou tard de la couronne.

On vit bientôt la force de cette Ligue dans les premiers états de Blois qui furent convoqués ; la question posée aux trois ordres fut celle-ci : Y aura-t-il libre exercice de la réforme, ou établira-t-on l'unité de foi catholique ? Les états, sauf quelques voix isolées des politiques, se prononcèrent dans les idées de la Ligue ; Henri III et Catherine de Médicis étaient présents aux états. La reine mère redisait incessamment au roi : Il faut s'attendre qu'en prenant une telle résolution vous aurez besoin de vous défendre, et pour résister vous n'avez pas d'argent ; sans argent on a beau vous conseiller et vous résoudre, on ne saurait rien faire ; si vous avez la guerre, je voudrois faire un effort si grand, que la longueur du temps ne ruinât pas le royaume. Il ne faut faire ni mal ni déplaisir à aucun huguenot, mais les prendre en notre protection[2], pourvu qu'ils se tinssent doucement et sans rien troubler ; il faut faire grande attention aux ponts et passages, afin qu'ils ne s'en saisissent.

Le but de Catherine de Médicis était donc, tout en accédant à la volonté populaire des états de Blois très-catholiques, de gagner un à un les chefs du parti politique et des huguenots, en les ralliant à sa couronne. Elle écrivait au maréchal de Damville : Mon cousin, le roy, monsieur mon fils, vous sera si bon maître et roy, que vous aurez grandement occasion de le bien servir ; vous prendrez toute confiance de lui et de moi ; je désire tant votre bien et je m'employerai toujours pour ce qui vous touchera[3]. Ainsi, la reine mère répugne profondément à l'idée de procéder contre les huguenots d'une façon violente : Je suis catholique, disait-elle, et ai aussi bonne conscience que nul autre peut avoir ; j'ai beaucoup de fois hasardé ma personne contre les huguenots du temps du feu roy mon fils ; je ne le crains pas encore[4] ; je suis prête à mourir ayant

---

[1] Voyez le curieux mémoire contemporain de M. Delezeau, conseiller d'État, conservé en mss. (Biblioth. Sainte-Geneviève.)
[2] Les premiers états de Blois se tinrent dans l'hiver de 1676 à 1577 ; on en trouve le récit dans les mss. Béthune, vol. coté n° 8826.
[3] Mss. Béthune, n° 8887, fol. 48.
[4] *Journal du duc de Nevers*, éd. in-fol., 1665.

cinquante-huit ans d'âge, et j'espère aller en paradis. Jusqu'à ce que le roy ait le moyen d'exécuter cette résolution d'établir une seule religion, il ne doit pas le déclarer ; quant à moi, je ne veux pas perdre ce royaume, mon dessein est de le conserver| en le perdant la religion seroit perdue ; au contraire, ce royaume étant conservé, la religion le sera aussi. Nous avons peu de moyens de faire la guerre, il n'y en a presque pas de vivre. Je pense être affectionnée à ma religion plus qu'aucun autre ; s'il y en a d'autres qui ne se soucient pas de la perte de cet État, pourvu qu'ils puissent dire : J'ai bien maintenu la religion catholique ; je n'ai rien à leur dire, mais je ne veux pas leur ressembler. Ces paroles s'adressaient au duc de Nevers qui, pour justifier son zèle extrême pour la religion, invoquait ses ancêtres, croisés du XIIIe siècle. Catherine de Médicis se prit à rire : Tenez, voilà mon cousin qui veut nous envoyer à Constantinople !1

Tel était le caractère plein de modération et de sens de Catherine de Médicis ; tout parti extrême lui répugnait ; tandis que le roi, dominé par les états et la Ligue, acceptait quelques-unes de leurs conditions répressives, la reine mère lui présentait ce bien simple raisonnement : Les trois ordres vous donnent-ils les moyens, mon fils, d'exécuter ce que les états désirent ? Comme ces moyens n'arrivaient pas, Catherine de Médicis résolut de traiter une fois encore avec les politiques, par un nouvel édit de pacification signé à Poitiers, que le roi concéda malgré les états2. Cet édit était plus libéral, plus large en matière de religion que tous les précédents, car les réformés obtenaient non-seulement des places de sûreté, le libre exercice du prêche, mais encore on créait une chambre tout entière du parlement de Paris pour juger lents affaires, et cette chambre était à la nomination du roi de Navarre, huguenot lui-même. Le caractère facile de Catherine de Médicis allait ici trop loin : elle croyait assouplir tous les esprits sous sa main habile ; elle heurtait et blessait la majorité qui ne voulait pas subir la liberté de conscience. Il n'y avait pas encore cette lourde fatigue des âmes qui prépare toutes les transactions ; catholiques et calvinistes, dans la vivacité de leur foi, étaient en armes. Les paroles de paix de la reine Catherine de Médicis, loin d'apaiser la guerre civile, la ravivaient pour ainsi dire. Si la reine aspirait après le repos, il n'en était pas ainsi des opinions vivaces et en lutte. Que de peines, que de soucis Catherine s'imposait en vain ! Sous le prétexte de conduire sa fille Marguerite auprès du roi de Navarre, son époux, Catherine de Médicis accomplit un voyage politique3 à travers la France. A la reine mère les huguenots portaient toutes leurs plaintes comme à l'autorité responsable de leur liberté : les catholiques, unis par la Ligue, ne respectaient pas l'édit de pacification : Mon cousin, écrit-elle au maréchal de Damville, je suis en extrême ennui de la nouvelle qui est venue à mon fils le roy de Navarre, que la Riole a été prise par les catholiques ; c'est une des villes qui sont, par l'édit de pacification, en garde à ceux de la religion réformée..... Mon cousin, on diroit que tout est déchaîné pour empêcher la paix ; mais je vous assure bien (si ceci est comme on le dit), que je me délibère d'en faire telle punition, si le puis avoir, qu'il en sera à jamais mémoire, car voyez en quel danger ils m'ont cuidé mettre4.

Ce danger était, pour Catherine de Médicis, la marche des reîtres sur le territoire du royaume. On défait l'éviter à tout prix, et Catherine de Médicis, pour calmer

---

1 Les mémoires du duc de Nevers offrent une grande curiosité. Voyez t. I, p. 455.
2 Le texte du traité de Poitiers se trouve en original dans les mss. du Puy, vol. 428 : copie en est faite dans les mss. Colbert, verso 490.
3 Le Voyage de Catherine de Médicis est du mois de mai 1579.
4 Mss. Béthune, vol. coté 8703, fol. 132.

une fois encore les huguenots, qui appelaient les étrangers à leur aide, voulut donner un nouveau développement à l'édit de pacification de Poitiers dans les conférences de Xérac : les calvinistes obtinrent la faculté d'établir des prêches dans toutes les villes du royaume. Au lieu de quatorze places de sûreté, ils en recevaient dix-sept où le roi de Navarre et le prince de Condé pouvaient tenir garnison[1]. La reine mère ainsi accordait tout pour calmer le parti huguenot si exigeant, et éviter surtout l'intervention des étrangers dans les affaires du royaume. Comme elle avait présidé elle-même aux conférences de Xérac, elle se montra heureuse des résultats et surtout de la réconciliation de ses deux fils, le roi Henri III et le duc d'Anjou (d'Alençon). A ce sujet, elle écrivait au maréchal de Damville[2] : Mon cousin, présentement m'est arrivé le sieur d'Arques de la part du roy monsieur mon fils, pour me témoigner le grand aise et contentement qu'il a de la paix. Le sieur d'Arques m'a ensuite appris la plus agréable nouvelle que j'eusse pu entendre, qui est que mon fils le duc d'Anjou est arrivé le 26 de ce mois à Paris, où il est venu trouver le roy monsieur mon fils, accompagné seulement de deux ou trois gentilshommes ; et, après s'être embrassés et fait toute la bonne chère qu'il se peut et que se dévoient deux bons frères, ils couchèrent cette nuit-là ensemble, délibérant de continuer à toujours la bonne et parfaite amitié qu'ils se doivent, dont je loue Dieu très-grandement, vous en ayant bien voulu escrire pour la joie que chacun doit en avoir et le bien que c'est à ce royaume[3].

Dans cette correspondance intime de la reine mère, et si multipliée qu'on en trouve partout des traces, ce qui se révèle spécialement, c'est l'esprit habile et pacifique. Catherine de Médicis est heureuse quand elle rapproche les hommes, les idées, les passions, les intérêts, les familles ; elle a horreur de la guerre civile, de l'agitation des partis, dont le témoignage était si triste à Florence ; elle voudrait établir son pouvoir sur l'apaisement des âmes. Et c'est pourtant cette reine, cette femme si éprise de la paix, qu'on a représentée et qu'on montre encore le fer et le poignard à la main, et, nouvelle Locuste, offrant la coupe empoisonnée à toutes les lèvres pour donner ensuite un ridicule spectacle de terreurs et de remords !

---

[1] Édit enregistré au parlement, vol. II, L, fol. 212.
[2] Mss. Béthune, vol. coté 8848.
[3] Mss. Béthune, vol. coté 8848.

XX. — 1580-1584.

Profondément convaincu de la capacité politique de sa mère, Henri III lui abandonnait le gouvernement du royaume. Cette reine de soixante ans déjà, belle encore, toujours active, ne cessait d'agir, de s'occuper des affaires d'État, la passion de sa vie ; elle joignait à un grand esprit, héritage de la famille des Médicis, un charme indicible et tout italien dans sa parole. Henri IH n'avait jamais cessé d'être un vaillant soldat, un des grands capitaines de son temps. H tenait de sa mère un goût exquis de fêtes artistiques, plaisirs, bals et mascarades. Cœur familier et aimant, il s'était entouré de jeunes gentilshommes braves comme lui, rieurs, enjoués, enfants des glorieuses maisons de Quélus, Maugiron, Schomberg, Saint-Mesgrin, Joyeuse, d'Épernon, dévoués à sa personne, à une époque d'assassinats, de coups de dague secrets et perfides. Ce furent ces jeunes gentilshommes que des pamphlets accusèrent d'être les mignons du roi[1] ; oui, jusqu'à Saint-Mesgrin, l'amant si délicat, si loyal, si courageux de la duchesse de Guise ! Ceux qui ont vécu en temps de partis savent combien ils sont perfidement ingénieux à inventer des vices, à jeter d'abominables épithètes à leurs ennemis ; et le plus fort inventeur de ces mauvais dires de cour, ce fut Henri de Béarn, roi de Navarre. Laid de figure, soldat au pourpoint percé, il ne pouvait souffrir ces élégants gentilshommes, braves comme lui, mais parfumés de senteurs de Florence et de Venise : Je sais bon gré au duc de Guise, mon cousin, avait-il dit, de n'avoir pu souffrir qu'un mignon de couchette le trompât. C'est ainsi qu'il faudroit accoustrer tous ces petits galans de la cour qui se meslent d'approcher les princesses pour les mugueter et leur faire l'amour[2].

S'il fallait rechercher une idée politique à travers cette vie de plaisirs et de fêtes, si naturelle à de jeunes gentilshommes, on pourrait la trouver dans cette volonté constante et ingénieuse de Catherine de Médicis d'offrir à tous, fougueux calvinistes ou ligueurs, un lieu de repos et de conciliation, les jardins d'Armide, au moment où Torquato Tasso venait de publier *il Goffrido*[3], le premier titre de la *Jérusalem délivrée*. Catherine de Médicis, qui en récitait les chants les plus suaves dans la belle poésie italienne, voulait réunir autour de quelque nouveau Rinaldi les nymphes belles et enchanteresses. On s'égorgeait dans la guerre civile, et la reine mère semblait dire à ces fougueux champions de partis : Voici les lieux d'amour et de repos qui sont offerts à vous, nobles gentilshommes, car assez de sang a été versé. De là ces fêtes de cour, mélangées souvent de pompes catholiques, mœurs italiennes dont toute cette cour était empreinte : une Médicis ne pouvait oublier Florence, Urbino, Rome. La reine mère savait avec quel art les Italiens fins et habiles savent assouplir les esprits, doucement et

---

[1] Les poètes disaient comme toujours :
> Oui, l'homme vertueux est languissant de faim,
> Et à ses seuls mignons le roi fait des largesses.

(Pasquil contre Henri III.)

[2] Quand quelques-uns de ces jeunes gentilshommes dévoués au roi Henri III périrent en duel, on fit cette épigramme :
> Seigneur, reçois en ton giron
> Schomberg, Quélus et Maugiron.

(*Journal de Henri III.*)

[3] 1574.

sans bruit, par les plaisirs, la poésie, la prose ingénieuse. En ce mois, dit le journal du temps, elle fit venir à la cour les comédiens italiens appelés *gli gelosi* ; le roy en avoit payé la rançon, car ils avoient esté pris par les huguenots1.... Ils commencèrent à jouer leurs comédies en l'hostel de Bourbon à Paris ; ils prenoient quatre sols de salaire de chascun, et il y avoit tel concours, que les quatre meilleurs prédicateurs n'en auroient pas fait autant quand ils preschoient. Les Italiens étaient fertiles en jeux d'adresse, en inventions d'esprit ; ils faisaient les tours les plus hardis sur la corde, s'élevaient jusqu'au haut des mâts. Ils introduisirent à la cour les plus habiles combinaisons des tripots et de hasard : Dans le mois de janvier 1679, une bande d'Italiens, avertis par ceux de Paris que le roy avoit dressé en son Louvre un déduit de jeux de cartes et de dez, vinrent à la cour et gagnèrent au roy, dans le Louvre, trente mille escus2.

Les Italiens avaient aussi des places de confiance dans les négociations, l'armée, les conseils, témoin les fortunes récentes des ducs de Nevers3, de Nemours, de Retz (Gondi) et de Strozzi lui-même. La reine mère aimait ces caractères souples, négociateurs par excellence, qui savaient apaiser les âmes, résoudre les difficultés les plus graves par des expédients. Les Italiens devenaient puissants à la cour, parce qu'ils se rendaient indispensables ; ils avaient introduit l'élégance, la suavité dans les formes, les gants parfumés, les essences, les odeurs, et souvent, par ces moyens, ils servaient de coupables projets, moins qu'on ne l'a écrit pourtant, car ils inspiraient la haine. Lorsqu'une certaine classe de la société est l'objet des jalousies publiques, il est rare qu'on ne l'accuse pas de crimes imaginaires ; et les Italiens étaient poursuivis d'une grande clameur, non-seulement comme étrangers, mais encore parce qu'à travers leur personnalité odieuse, les partis cherchaient Catherine de Médicis, leur protectrice :

> Italiens, inventeurs de subsides,
> Pires cent fois que tous les parricides.
> Ô poltrons ! lâches ainsi bannis,
> Qui tous estiez vilains en vos pays.
> Faut-il quasi par un malheur fatal
> Que tous ces bougres nous causent tant de mal !
> Toi qui fais tant de muguets parfumés,
> Un jour viendra, tu seras enfumé,
> Car la France est de toi si fort lasse,
> Qu'il faut que la teste on te casse4.

Ces Italiens que poursuivaient les pasquils populaires étaient pourtant les hommes auxquels la génération élégante avait le plus souvent recours dans ses besoins d'imagination et même dans ses faiblesses : ils étaient d'abord les financiers (depuis l'expulsion des juifs), ensuite les devins, les physiciens, les mathématiciens, les ingénieurs, les artistes dessinateurs, musiciens, peintres, architectes, sculpteurs, banquiers de la cour ou des particuliers, et les intermédiaires du commerce5. Catherine de Médicis savait bien ce qu'elle faisait en favorisant l'émigration des Italiens en France ; la superstition correspondait aux mœurs de ce temps, et tout n'était pas faux et absurde dans les paroles de

---

1 *Journal de Henri III*, t. I, p. 202.
2 *Ibidem*, ad annum 1579.
3 Fils du duc de Mantoue. Les Nemours étaient de la maison de Savoie.
4 Pasquil de 1580. On en trouve plusieurs dans des notes ajoutées au *Journal de Henri III*.
5 Plus tard : Cassini, Riqueti, n'étaient-ils pas d'origine bolonaise ou florentine ?

l'astrologue. Il existe évidemment un monde inconnu qui se révèle à nos sens par des merveilles et dont le dernier mot n'est pas encore dit : souvent l'astrologue n'était qu'un esprit d'examen et de comparaison. Il fallait qu'il y eût une science extraordinaire de divination, par exemple dans Cosme Ruggieri, puisque toute la cour accourait autour de l'astrologue de la reine mère pour écouter ses avis ou régler sa destinée. Catherine de Médicis était superstitieuse comme une Italienne et peut-être parce qu'elle avait une rude tâche à remplir, et qu'un destin immense fait qu'on a recours à des forces surnaturelles. Cette tendance de Catherine de Médicis pour les astrologues est tellement prononcée et publique, qu'elle n'échappe pas à la sagacité de l'ambassadeur d'Espagne, qui en fait l'objet d'une de ses dépêches à Philippe II. Il dit : que la reine mère — qui a une grande vénération pour les astrologues et qui en beaucoup d'occasions se gouverne par leur conseil — a été advisée par celui qu'elle a en plus grande considération que le duc d'Alençon court grand risque et presque inévitablement de mourir cette année. Cela étant, il paroît qu'on assureroit la succession de tout ce royaume au prince de Béarn (Henri de Navarre), et au cas où il ne laisseroil pas de fils, au prince de Condé, ce qui seroit d'un grand dommage pour toute la chrétienté[1]. (Condé était huguenot.)

Ainsi, toutes les pensées de la reine mère sont toujours pour un système de concessions au parti calviniste, afin de mettre un terme à la guerre civile ; elle n'hésite pas à assurer la couronne même aux chefs modérés de la réformation, et c'est ce qui la rattache surtout aux politiques royalistes dont l'avocat conseiller Pasquier s'est fait la vive et constante expression dans ses plus curieuses lettres. Lui voudrait enfin que la guerre civile cessât et qu'on reconnût un seul chef, un seul roi, une seule volonté dans un État. Direz-vous, continue-t-il naïvement, que les éléphans n'ont point de roys ? je le nie : ils marchent toujours en troupes et font passer pour premier le plus vieux d'entre eux, comme chef et conducteur. Et les grues ne se choisissait-elles pas un roy ? et les oies font le semblable que les grues, dressant leur bataillon en pointe comme l'éperon d'un navire ? Voulez-vous une plus belle monarchie que celle que nous voyons en nos basses-cours, en nos coqs et poules ? Là, nous voyons monsieur le coq portant la creste sur la teste en forme de couronne, marchant et piaffant à grands pas au milieu de ses poules ; mettez un autre coq avec lui, vous connoîtrez fort aisément combien toute royauté est impatiente de compagnon[2].

C'est parce que le tiers parti exprimait des doctrines et des souhaits favorables au gouvernement unitaire, que Catherine de Médicis se rattachait de toutes ses forces à des pensées de modération, à ces hommes d'expérience qui pouvaient organiser ou soutenir la royauté dans ses périls. Elle avait une égale répugnance pour les catholiques extrêmes et pour les huguenots trop inflexibles ; Catherine de Médicis était la véritable expression et pour ainsi dire la reine du tiers parti.

---

1 Dépêches secrètes (*Archives de Simancas*), coté B, 46.
2 Estienne Pasquier, liv. X, lettre 1re.

XXI. — 1584-1587.

Il était impossible qu'un parti, aussi parfaitement organisé que l'était la Ligue, subit longtemps les lois des édits de pacification si favorables aux huguenots. De justes murmures se firent entendre dans les rangs des catholiques : on courut encore aux armes, et comme acte d'opposition aux intrigues et aux menées des politiques et des calvinistes unis, le traité de Joinville fut signé entre le peuple de la Ligue, la maison de Guise et d'Espagne ; traité qui excluait Henri de Navarre et le prince de Condé de tous droits à la couronne de France, comme fauteurs et relaps du crime d'hérésie[1]. Les chefs de la Ligue savaient la grande intimité de Catherine de Médicis et du roi de Navarre ; ce prince instruisait la reine mère de tout ce qui se délibérait parmi les calvinistes, et il lui envoya même les cahiers arrêtés en l'assemblée de Montauban pour les faire approuver comme lois du royaume ; catholiques ou protestants montraient tous une certaine austérité ; on n'est à la tête d'un parti qu'à cette condition de tempérance et de vertu. Madame, le synode a été tenu à Montauban, suivant ce qu'il a plu au roy de permettre. Je n'ai pas vu compagnie plus disposée à la paix, au bien de l'Estat et à l'obéissance à rendre à Votre Majesté[2]. Les calvinistes mettaient un prix infini à prouver leur fidélité au gouvernement de la reine mère qui les protégeait et traitait avec eux sur le pied d'égalité. La mort du duc d'Anjou (d'Alençon), l'héritier naturel et légitime de Henri III[3], rendait encore plus considérable la personnalité de Henri de Navarre, désormais le successeur désigné pour la couronne de France. Catherine de Médicis s'était engagée envers lui pour la lui assurer au cas de mort de Henri III, sans postérité.

Les chefs de la Ligue, engagés contre Henri de Navarre, exerçaient une active surveillance sur les moindres démarches du parti des politiques, dont Catherine de Médicis était la tête et la personnification. Les politiques avaient un grand projet, c'était d'amener une habile abjuration du roi de Navarre, et, une fois Henri proclamé héritier de la couronne, de reconnaître la liberté de conscience et la mutuelle indépendance des cultes, idée trop avancée pour une époque de ferventes croyances et d'ardeurs religieuses. De là cette haine profonde, manifestée dans mille pamphlets de la Ligue contre les politiques, toujours personnifiés dans Catherine de Médicis. Il existe un recueil de curieuses caricatures, avec légendes, imprimées à Paris et dirigées contre les politiques[4]. Voici le portrait et description des politiques de ce temps, extrait de l'Escriture sainte. C'est un monstre effroyable, moitié femme et moitié poisson, la tête entourée de vipères.

> Quel est ce monstre-ci et comment a-t-il nom ?
> Des Grecs est dit Syrène et des Hébreux Dagon,
> Et le siècle aujourd'hui politique rappelle.
> Mais, dites-moi, pourquoi est-il femesle ?
> Sa plus grande vertu est de chacun flatter
> Et des plus forts le cœur el le courage ester.

---

[1] Lettre autographe. Mss. Colbert, cote n° 9.
[2] 31 décembre 1584. Mss. Béthune, n° 8866.
[3] Juillet 1584, suivant la prédiction des astrologues.
[4] Recueil général de pièces détachées et figures qui regardent la Ligue, 1589-1594. (Biblioth. imp.)

Catherine de Médicis était parfaitement indiquée dans ce portrait des politiques tracé par les ligueurs : elle avait toujours négocié pour apaiser les partis et dompter les plus fières âmes, et c'est pourquoi on disait qu'elle avait toujours ôté le cœur et le courage aux forts.

> Pourquoi une bouteille est sa dextre tenant ?
> Pour autant que le soin plus grand de maintenant.
> Et mesme le premier est d'engraisser sa panse,
> Se donner du bon tems et faire grand despense1.

Il n'y avait pas jusqu'à son goût de faste, de plaisirs, de fêtes qui ne fût ainsi un grief contre la reine mère et les chefs de partis modérés.

La vaste association de la Ligue était dans un de ces moments suprêmes qui assurent le triomphe d'une cause ou préparent sa décadence. Tout ce qu'il y avait de bourgeois honorables, de membres populaires, confréries de métiers, ouvriers des corporations, non-seulement à Paris, mais dans toutes les grandes cités de France : Marseille, Lyon, Amiens, Toulouse et Bordeaux étaient entrés dans la Ligue, pour la défense de la foi et le triomphe des libertés municipales2, deux idées alors corrélatives. Déjà plusieurs tentatives avaient été faites pour s'emparer de l'autorité royale contre les politiques qui l'avaient usurpée. La Ligue avait ses chefs valeureux dans la maison de Guise, son plan concerté, son but définitif et le triomphe absolu de la religion catholique. La Ligue marcherait à ses desseins avec ou sans le roi, sous sa bannière fleurdelisée ou contre elle, à raison qu'il se montrerait catholique zélé ou politique timide et favorable aux protestants. La Ligue avait sa protection au dehors dans le roi d'Espagne, Philippe II, et dans le pape qui commençait à se prononcer contre les hésitations compromettantes de Henri III et de Catherine de Médicis.

La Ligue c'était l'immense majorité de la population, à Paris surtout, où tous les états et métiers faisaient partie de l'union catholique, où même les membres des grands corps politiques se faisaient honneur d'être affiliés. Un curieux document3 nous dit comment se faisaient ces affiliations. La chambre des comptes s'y était associée par le conseiller La Chapelle Marteau ; le parlement par le président Le Maistre ; les procureurs par Leclerc et Michel ; les greffiers par Senault ; les huissiers par Louchard, etc. Tous les mariniers et garçons de rivière, les bouchers, les boulangers, les charcutiers, les marchands courtiers de chevaux, étaient fortement organisés comme un seul homme, tous prêts à prendre les armes. Le plus grand nombre étaient convaincus que les calvinistes dominaient le conseil de Catherine de Médicis ; et dans le but de se protéger, ils avaient organisé leur gouvernement particulier et municipal : rien de plus honorable que *les Seize*, magistrats d'élite choisis par élection parmi la meilleure bourgeoisie de Paris et dont voici les noms : La Bruyère, lieutenant particulier au Châtelet ;

---

1 Recueil déjà cité. (Biblioth. Imp.) Les politiques sont aussi représentés sous les traits d'un crocodile :

> Tels sont, ô messagers, vos dissimulés pleurs,
> Qui pleins du sang du peuple et gras de leurs malheurs,
> Feignant tous en fascher n'en faites rien que rire.

2 Voyez le curieux travail du conseiller de Lezeau (un des chefs ligueurs), sur l'organisation de la grande association catholique, à Paris surtout. (Biblioth. Sainte-Geneviève.)

3 Ce document est le procès-verbal de Poulain, lieutenant de la prévôté de l'Ile de France, sur l'histoire de la Ligue, depuis le 2 janvier 1585 jusqu'aux Barricades. (Biblioth. imp.)

Crucé, procureur ; Bussy-Leclerc, procureur ; Louchard, commissaire ; Lamorlière, notaire ; Senault, commis au greffe du parlement ; Debart, commissaire ; Drouart, avocat ; Alrequin, Esmonot, procureurs ; Sablier, notaire ; Messien, Potart, colonels de quartier ; Oudineau, prévôt de l'hôtel ; Letellier de Morin, bourgeois. Ces seize réunissaient deux pouvoirs en leurs mains, le gouvernement municipal d'abord ; puis ils formaient le conseil provisoire de l'union en correspondance avec les autres cités municipales[1], de manière à embrasser toute la monarchie.

Une des grandes erreurs historiques a toujours été de voir une intrigue dans la Ligue et non point l'opinion de la France, se prononçant contre la minorité active des calvinistes. La Ligue fut la plus belle, la plus vaste conception nationale organisée pour remplacer le pouvoir royal qui n'accomplissait plus son devoir de gouvernement dans l'intérêt de l'immense majorité.

La France, fatiguée de se voir gouvernée par la petite fraction des politiques, prenait ses précautions en constituant une nouvelle autorité. La Ligue ne manifestait pas encore ses desseins définitifs. Elle disait dans ses manifestes : Chacun voit à l'œil les actions et desportement d'aucuns qui s'estant glissés en l'amitié du roy se sont saisis de son autorité pour se maintenir en la grandeur qu'ils ont usurpée[2]... Il n'y a plus personne honorable qui ait part en la conduite et administration de l'Estat : s'il avoit paru quelque espérance lors de la réunion des estats généraux à Blois, il n'en est resté que la mauvaise volonté de ceux qui avoient le gouvernement. A ces causes déclarons tous avoir juré et saintement promis de tenir la main forte à ce que la sainte Église de Dieu soit réintégrée en sa dignité, en la vraie et seule catholique religion, que la noblesse jouisse comme elle le doit de toute sa franchise, et le peuple soulagé de ses maux, les nouvelles impositions abolies et toutes crues ostées ; que les parlemens soient remis en la plénitude de leur connoissance et en l'entière souveraineté de leurs jugemens ; que tous deniers qui se lèveront sur le peuple soient employés en la défense du royaume et que désormais les estats généraux, libres et sans aucune pratique, soient réunis et tenus de trois en trois ans au plus tard, avec l'entière liberté à chacun de faire ses doléances[3].

Ainsi était le but national de la Ligue puissamment appuyé sur le vœu de la population armée. Les chefs étaient fatigués des tergiversations des politiques ; ils voulaient enfin qu'on se prononçât d'une façon résolue sur la question de confiance et de gouvernement : le conseil était-il catholique ou protestant, ligueur ou politique ? Si l'autorité de Catherine de Médicis jusqu'ici était un obstacle, on saurait la briser ; le but était enfin de contraindre la reine à se déclarer. Ceux qui dirigent les États ne font pas toujours leur volonté, et leur action personnelle subit la nécessité des temps et des choses : certes, la sainte union, ce pacte qui s'étendait de proche en proche, faisait peur à la reine Catherine de Médicis ; elle aurait préféré les huguenots, moins redoutables, minorité active et plus facilement domptée. Mais les forces de la Ligue se développaient avec une énergie sans pareille, et quelle puissance avait-on pour les combattre ? Un nouveau travail alors s'opéra dans la pensée de Catherine de Médicis : n'y aurait-il pas moyen de dompter, de conduire, d'adoucir la Ligue

---

[1] Mss. du conseiller de Lezeau. (Biblioth. Sainte-Geneviève.)
[2] Ces reproches s'adressaient à la reine Catherine de Médicis.
[3] *Déclaration des causes qui ont mû les princes, pairs, seigneurs, villes et communes catholiques de ce royaume de France à se liguer*, etc. (Péronne, 30 mars 1585.)

elle-même, de rattacher la sainte union à la couronne, d'en faire s'il le fallait, sous la main du roi, un moyen de gouvernement ?

Pauvre vieille malade, Catherine de Médicis1, tout endolorie de son corps, va trouver le duc de Guise au milieu du camp de la Ligue, d'où elle écrit à Henri III2 : Monsieur mon fils, j'espère que mon nepveu le duc de Guise viendra lundi ; je crois savoir ses intentions ; je désire vous faire entendre et représenter que du point de la religion ils sont tellement préoccupés qu'ils ne veulent rien négocier que par ce point-là. Je vous demande votre intention à ce sujet, et vous dirai-je, monsieur mon fils, que je me suis mieux portée cette nuit ; grâce au ciel, je me suis un peu levée pour faire faire mon lit. La douleur que j'avois hier au costé est un peu calmée, et ai douleur à un pied et l'autre est si foible que je ne pourrois me soutenir : aussi ne me tiendrai-je guère debout : M. de Mayenne a fort bonne volonté pour nous. Monsieur mon fils, le sieur Chartellerie m*a dit que, sans M. de Guise, M. de Mayenne seroit venu nous trouver, et m'a dit aussi que son arquebuse estoit pleine de bonne volonté pour ce pays-ci. Votre très-obligée mère, *Catherine*3.

La reine mère, avec son habileté admirable, avait déjà deviné l'homme pacifique et modéré dans la Ligue, M. le duc de Mayenne ; elle le caresse, l'assouplit encore pour le placer dans les mains du roi et calmer l'orage. A ses yeux, le chef-d'œuvre d'habileté ce serait de rapprocher le duc de Mayenne et le roi de Navarre, la double expression modérée des catholiques et des protestants. En attendant la réalisation de cette espérance très-hasardée, il lui paraissait nécessaire que son fils adhérât complètement à la Ligue et s'en déclarât pour ainsi dire le chef. Il existait cette différence entre Catherine de Médicis et Henri III, que celle-ci savait abdiquer ses opinions personnelles, dissimuler ses sentiments, tandis que le roi, impatient et vif, disait haut ses sympathies ou ses antipathies. Or, tandis que Catherine de Médicis signait le traité de Nemours4, triomphe de la Ligue, Henri III, la raillerie à la bouche, disait aux chefs de la sainte union, aux parlementaires qui la soutenaient : Vous avez voulu la guerre civile et les batailles contre les huguenots ; eh bien ! donnez-moi les moyens de soutenir votre cause par des levées d'hommes et des subsides d'argent. La reine mère cherchait à détruire le mauvais effet de ces paroles imprudemment jetées : quand on se place à la tête d'un parti, il faut bien se garder de le blesser par des aigreurs maladroites ou des révélations indiscrètes ; autrement vous lui devenez suspect, et il cherche de nouveaux conducteurs pour diriger sa cause. La guerre commença dans des conditions de méfiances réciproques ; l'armée de la Ligue, que conduisait le duc de Guise, ne se fondit pas avec l'armée royaliste sous les ordres du duc de Joyeuse. Henri de Navarre gagna la bataille de Coutras sur l'armée de Joyeuse5. On ne fut pas sans remarquer qu'au premier choc toute cette armée s'était mise à la débandade ; les ligueurs y virent une trahison, tandis que dans le même mois le duc de Guise remportait une éclatante victoire sur les reîtres et les lansquenets, qui allaient joindre le prince de Condé et les calvinistes. On criait donc victoire pour l'un et trahison pour l'autre. Le grand

---

1 Catherine de Médicis avait alors soixante-quatre ans.
2 Autographe, mss. Béthune, n° 8874.
3 Les mss. Béthune contiennent un grand nombre d'autographes de Catherine de Médicis.
4 Articles accordés à Nemours, au nom du roi par la reine sa mère, avec les princes, les seigneurs de la Ligue, en présence du duc de Lorraine. 7 juillet 1588.
5 Août 1587.

grief jeté par les ligueurs à Catherine de Médicis était toujours qu'elle cherchait à faire sa paix avec le roi de Navarre, afin de terminer une fois encore la guerre civile par une transaction. Ces plaintes partout transpiraient, même dans les dépêches que l'ambassadeur d'Espagne adressait à sa cour[1]. Le duc de Guise écrivait : Je crains toujours les desseins de la royne mère qui se doit sous peu de jours voir avec le roy de Navarre, et que sur cette conclusion elle veut troubler le repos des catholiques, qui consiste dans l'union. J'escris à mon frère, le duc de Mayenne, que devant qu'elle puisse prendre conclusion, il s'en revienne en diligence en son gouvernement, qui depuis Auxonne est tout nostre, et qu'il s'assure de Lyon afin que nous soyons prêt à empêcher l'effet de telles menées[2]. Les Guise prenaient ainsi toutes leurs précautions contre les menées de la reine.

Les méfiances devenaient encore plus grandes depuis la perte de la bataille de Coutras, défaite, je le répète, que les ligueurs attribuaient à la trahison. Tandis que le duc de Guise, à la tête de son armée victorieuse, poursuivait les reîtres et les lansquenets jusqu'au dehors des frontières du royaume, Catherine de Médicis, le duc d'Épernon[3], tous les chefs du parti politique étaient hautement accusés d'aspirer encore une fois à une transaction dont la Ligue ne voulait à aucun prix. Le duc de Guise venait d'obtenir du pape Sixte-Quint, comme un grand succès pour sa cause, l'excommunication définitive du roi de Navarre et du prince de Condé. Tous ceux qui désormais traiteroient avec ces relaps dévoient être frappés comme hérétiques eux-mêmes. Réunis à Nancy, la capitale de leur prince lorrain, les chefs de la Ligue arrêtèrent entre eux une suite d'articles qu'ils durent soumettre définitivement à la reine mère, comme conditions essentielles de toute adhésion du roi à la Ligue. Ces articles les voici : 1° publication du concile de Trente sans aucun changement ; 2° rétablissement de l'inquisition, tribunal nécessaire pour poursuivre les hérétiques ; 3° toutes les hautes fonctions de l'État confiées aux chefs de l'association catholique ; 4° confiscation des biens des hérétiques pour faire face aux frais de la guerre[4].

Ces conditions étaient trop inflexibles pour que l'esprit si modéré de la reine mère pût les accepter sans y être contrainte. Les articles de Nancy furent envoyés à Henri III, alors dans le palais du Louvre, livré à tous les actes d'une piété extrême et d'une dissipation folle ; étrange confusion toujours reprochée à ce prince extatique. Comme la reine mère était un peu suspecte, elle envoya auprès des chefs de la Ligue, à Nancy, un négociateur habile, expérimenté, M. de Bellièvre, avec mission d'obtenir quelques concessions favorables à son pouvoir[5]. La reine mère s'était pénétrée de cette idée qu'en politique il faut moins suivre ses propres sentiments, ses antipathies ou ses sympathies, que subir les nécessités de sa position. Or, si les Guise sans doute étaient les princes pour lesquels elle avait le moins de tendance, elle savait aussi qu'en eux était la force, la puissance populaire, et qu'ainsi il était difficile de ne pas accepter leur alliance, à moins de se condamner à la nullité de toute action. Catherine de Médicis allait droit à ceux en qui reposait l'autorité sur les masses ; profondément convaincue

---

[1] *Archives de Simancas*, B, 58.
[2] *Archives de Simancas*, B, 58.
[3] Le duc d'Épernon était en haine à la Ligue, plus peut-être encore que la reine mère.
[4] Articles arrêtés en l'assemblée de Nancy (février 1688). Archives de Simancas, A, 56. Les ambassadeurs d'Espagne envoyaient toutes les pièces importantes à leur cour, et celle-ci intéressait trop vivement Philippe II pour qu'elle ne lui fût pas directement adressée.
[5] Les négociations de M. de Bellièvre forment un petit vol. coté 8897. Mss. Béthune.

de cette idée qu'avec de la patience et de l'habileté elle viendrait peut-être à bout d'adoucir les Guise, tout fiers qu'ils étaient. Elle avait déjà jeté les yeux, pour ménager une transaction, sur le duc de Mayenne, qu'elle savait moins passionné que l'aîné de la maison de Lorraine.

Henri III, plus tenace que sa mère dans la liberté de son pouvoir, n'acceptait pas les conditions de Nancy avec autant de facilité. Il avait encore une armée à lui, des amis braves, déterminés ; lui-même était toujours ce brave et loyal duc d'Anjou, grand capitaine, qui avait gagné de si glorieuses batailles. Aux yeux des catholiques n'avait-il pas rendu autant de services que les Guise à la cause générale ? Henri III n'acceptait donc les articles de Nancy qu'avec la condition expresse de rester le chef de la Ligue, sans subir la tutelle du duc de Guise. A cet effet, il avait imposé deux clauses essentielles au négociateur, M. de Bellièvre : 1° c'est qu'il disposerait, comme roi, de la Ligue catholique où il voudrait et comme il l'entendrait ; 2° que le duc de Guise ne viendrait pas à Paris, dans la crainte de lui voir usurper l'autorité publique[1]. Le roi ne cédait en piété à personne, lui et la reine suivaient tous les offices, les processions, les pèlerinages. Rien en lui ne sentait le huguenot ; que pouvait-on lui reprocher dans la sainte union ?

Comme il voulait se mettre en mesure contre toute entreprise des Guise, Henri III ordonnait secrètement aux gardes suisses de se rapprocher de Paris avec les compagnies françaises. Le roi voulait bien se faire ligueur et assurer le triomphe des catholiques ; mais il portait en son cœur l'instinct secret que dans les Guise il y avait une rivalité instinctive de son pouvoir et de sa couronne. À cette époque le roi redoubla de tendres et passionnés témoignages pour les jeunes hommes qui servaient sa cause et sa personne de leur épée et de leur dévouement. S'il avait tant aimé Saint-Mesgrin, c'est que ce noble jeune homme avait profondément humilié le duc de Guise par l'amour partagé qu'il portait à la femme du chef de la maison de Lorraine. Ces jeunes cavaliers, braves, insouciants, le distrayaient par leurs propos, leurs médisances ; ils vengeaient le roi même par des moqueries sur toutes les insupportables austérités des huguenots et les exigences répétées des chefs catholiques, parlementaires, bourgeois et peuple. Au Louvre, autour du roi, les mignons se raillaient de tout ; et les politiques se vengeaient de ces généreux jeunes hommes, de ces brillants spadassins[2] par d'affreuses et lourdes calomnies rapportées dans le triste et mauvais pamphlet de d'Aubigné. Oui, la cour de Henri III fut élégante, paresseuse, mais brave ; elle aimait les beaux vêtements de soie, les riches objets d'art, legs des Médicis, transmis par la reine mère. Henri HI multipliait les bals, les réunions de plaisirs où, malgré ses souffrances et les années, paraissait encore la reine Catherine de Médicis, couverte de riches habits tout de velours d'or, comme en ses jours de beauté et de jeunesse. Elle se parfumait d'essences, mettait du rouge et du blanc jusqu'aux yeux, se gantait les mains jusqu'aux bras, qu'elle avait si parfaits. Les faiseurs d'histoires qui ont parlé de ses remords, de ses tristes nuits pleines de rêves fantastiques, ne savent rien de

---

[1] Voyez les lettres et dépêches de Henri III à M. de Bellièvre. Mss. Béthune, n° 8897.
[2] Saint-Mesgrin, d'Épernon, Schomberg, Quélus, etc., toujours l'épée à la main pour le service du roi, étaient tués dans des duels :
     Antrague et ses compagnons
     Ont bien étrillé les mignons ;
     Chacun dit que c'est bien dommage,
     Qu'il n'y en est mort davantage.

celte vie si animée qui ne se partagea qu'en deux éléments, les plaisirs et les affaires.

A la dernière période de son existence les souffrances viennent, mais les souffrances matérielles, les douleurs physiques, tristes compagnes de l'âge. Et qu'avait-elle fait, d'ailleurs, pour mériter des rêves de sang ? Était-ce pour avoir tenté des rapprochements entre les partis incessamment en lutte ? La reine mère, certes, pouvait se tromper sur son temps, sur les tendances des opinions qui abdiquent difficilement leur haine ; mais ce n'était pas un crime que d'avoir cru à la paix des hommes quand tout retentissait de cris de guerre ; ce n'était pas un crime de vouloir rapprocher les esprits irrités et les idées dissidentes, en supposant qu'un peu de duplicité fût nécessaire pour arrêter l'effusion du sang !

XXII. — 1587-1588.

L'esprit de la population de Paris avait cessé d'être favorable au roi Henri III depuis que les masses, confréries, métiers, bourgeois s'étaient organisés dans la Ligue. L'association secrète (depuis devenue publique) avait ses chefs proclamés par l'union, ses capitaines bien-aimés. En vain la reine Catherine de Médicis avait conseillé à son fils de se déclarer chef de la Ligue, le roi n'inspirait pas une confiance suffisante au peuple de Paris. Les chefs delà Ligue n'avaient foi que dans le duc de Guise. Les partisans de la maison de Lorraine commençaient ce système de dénigrement auquel rien n'échappe en politique ; et bien que Henri III eût multiplié les gages de sa sincérité, ils l'attaquaient dans la chaire et les pamphlets comme un vilain hypocrite qui, le vendredi, ne négligeoit ni la viande ni les tendrons1. La confiance du peuple n'appartenait donc qu'aux Lorrains : c'est pourquoi Henri avait spécialement insisté pour que M. de Guise restât éloigné de Paris, le centre du mouvement catholique.

Un certain frémissement avait circulé dans tout Paris lorsqu'on avait su que le roi avait mandé auprès de sa personne les gardes suisses et françaises. Dans quel dessein ? Les ordres des capitaines de quartiers, dizainiers de la ville, se multipliaient à chaque minute pour mettre les troupes bourgeoises sous les armes ; mais l'unité et l'ensemble de ce mouvement municipal ne pouvaient résulter que de la présence du duc de Guise à Paris. Dans l'histoire des partis, il y a un fait qui se produit toujours, c'est l'instinct sympathique des opinions pour leur chef naturel : il y a entre eux des courants électriques qui les rapprochent et les mettent en rapport de sentiments et de projets. A chaque moment le duc de Guise était informé de l'état de Paris2, des projets du roi, des intentions plus rassurantes de Catherine de Médicis ; il savait que la révolution municipale était prête à éclater contre le conseil dirigé par le duc d'Épernon, et que la reine mère ne serait même pas éloignée de le seconder dans ce projet. Le duc de Guise savait que le peuple de Paris l'appelait de tous ses vœux, qu'il n'attendait que sa présence pour sonner l'insurrection. Des émissaires partaient et revenaient chaque jour auprès du duc de Guise, qui, sous le nom emprunté aux annales de Rome, de Mutins, correspondait avec les grands meneurs du parti populaire à Paris. L'existence d'un chiffre diplomatique, déjà employé à cette époque, est une curiosité historique3 qui doit être notée. Catherine de Médicis plus d'une fois s'en était servie dans sa correspondance, et le duc de Guise, après die, écrivait ses dépêches secrètes en chiffres particuliers.

La reine fut instruite des desseins des ligueurs et de leurs forces : elle différait avec son fils et le duc d'Épernon sur la manière de traiter cette immense association populaire qui s'était nommée la Ligue. Catherine de Médicis savait qu'il ne faut jamais lutter avec ce qui est plus fort que vous, et qu'il y a souvent des faits et des hommes que l'on déteste, et qu'il faut subir et même caresser avec bonne grâce : elle n'était pas d'avis d'une lutte corps à corps avec le duc de

---

1 Rien alors de populaire comme les sermons des curés de Paris. C'est le curé Leicestre qui accusa le roi d'hypocrisie. Voyez le *Journal de Henri III*, ad annum 1588.
2 Le n° 47 du ms. Dupuy contient une curieuse relation de ce qui se passa dans Paris avant et durant les barricades de 1688.
3 Il existe plusieurs modèles de ces chiffres dans la précieuse collection de M. de Mesme (Biblioth. imp.) intitulée *Mémoires sur la Ligue*, t. III, in-fol., n° 893.

Guise, comme le voulaient Henri III et d'Épernon ; elle désapprouvait l'appel au Louvre des gardes suisses et françaises : le duc de Guise voulait venir à Paris, et il y viendrait, selon Marie de Médicis, malgré le roi et contre le roi si l'on s'y opposait ; mieux valait donc qu'il fût appelé par le roi et pour le triomphe de son autorité. Catherine de Médicis allait si loin dans ce dessein de conciliation, qu'elle espérait bien que M. de Guise n'aurait pas d'autre logis que le sien aux nouvelles Tuileries ; elle savait la fermentation de Paris : et quel meilleur moyen de la calmer ou de la diriger que d'avoir sous sa main chef populaire de la Ligue !

Ce fut le 5 mai que le duc de Guise quitta Nancy pour prendre hautement en main la direction du mouvement de Paris ; il entra déguisé par la porte Saint-Martin[1] ; mais bientôt ses amis, pleins d'enthousiasme, lui ôtèrent son masque et son manteau, et il n'y eut plus qu'un cri partout : Le duc de Guise est parmi nous ! Le flot populaire porta cette bonne nouvelle aux quatre coins de la cité. Selon l'invitation de Catherine de Médicis, et comme pour donner un gage de ses bons desseins, le duc de Guise vint habiter le logis de la reine mère, qu'il rassura sur ses projets, qui n'allaient pas au delà du renvoi du duc d'Épernon et de la consécration royale du traité de Nancy. Catherine de Médicis en parut si esmue d'aise et de contentement, qu'on la vit frissonner, changer de couleur, tant elle estoit heureuse. Elle accueillit le duc avec enthousiasme, et quoique bien souffrante, elle voulut elle-même le conduire au Louvre, afin de saluer le roi et de présider en quelque sorte à l'entrevue, comme une mère prudente et une négociatrice habile et sans passion. A travers les rues de Paris, Catherine de Médicis put voir l'immense popularité du duc de Guise : il n'y avait de cris que pour lui. Même une demoiselle qui était sur une boutique, baissant son masque, lui dit tout haut : Bon prince, puisque tu es ici, nous sommes tous sauvés[2].

La marche de Catherine de Médicis à travers Paris fut lente ; jusqu'au Louvre, la reine était en chaise à cause de sa maladie ; le duc de Guise la suivait à pied : et ensemble entrèrent dans la chambre du roy, lequel pour lors estoit assis près de son lit, et ne se remua pas pour rentrée du dit sieur de Guise, qui lui fit une référence, touchant presque le genou en terre ; mais le roy, irrité de sa Tenue, ne lui fit aucun accueil, sinon de lui demander ceci : *Mon cousin, pourquoi estes-vous venu ?* La réponse de M. de Guise fut : que c'estoit pour se purger des calomnies qu'on lui avoit mises sus, comme s'il eût été criminel de lèse-majesté[3]. Cette conversation se passionnait à mesure des paroles du roi, lorsque Catherine de Médicis prit son fils à part pour l'apaiser, sans doute, tandis que le duc de Guise se retirait avec assez de hauteur pour qu'aucun des officiers de S. M. n'osât raccompagner. Catherine de Médicis, douloureusement affectée de cette rupture, parla dans le conseil contre toute résolution violente dont la conséquence essentielle serait le soulèvement de Paris agité. Le roi ne partagea pas l'avis de sa mère, et le duc d'Épernon, qui avait toute sa confiance, dut commander les gardes suisses et françaises qui occupaient Paris, et avaient ordre de se grouper dans le Louvre[4] pour une expédition inconnue.

---

[1] *Récit d'un bourgeois de Paris* sur les particularités qui s'y sont passées au mois de mai 1588 ; ce journal est écrit par un témoin oculaire, in-fol., 29 feuillets. Mss. Dupuy, Biblioth. imp., n° 47.
[2] *Journal de Henri III*, t. II, p. 95.
[3] Récit d'un bourgeois de Paris, Mss. Dupuy 47.
[4] Amplification des particularités qui se passèrent à Paris lorsque M. de Guise s'en empara. (Brochure, 1588.)

Le conseil du roi essaya d'autres précautions dans la cité ; les registres de l'hôtel de ville sont remplis d'ordres et d'arrêtés pour la visite des hôtelleries et l'armement de la partie bourgeoise et paisible de la population1. Le roy veut que la recherche fort exacte se fasse en toutes les maisons de la ville, cité et université, et que les quarteniers fassent mettre par escrit non-seulement le nom des personnes qui ont accoutumé de demeurer es dites maisons, mais encore de celles qui y sont passagèrement logées ; S. M. commande que la dite recherche soit commencée demain, à 6 ou 7 heures2.

Au milieu de ces émotions si vives, Catherine de Médicis espérait toujours rapprocher le roi son fils du duc de Guise. Dans une entrevue au Louvre, Henri III avait chaleureusement défendu le duc d'Épernon et ses amis. Le duc de Guise avait plusieurs fois protesté de sa loyauté, avec cette déclaration franche et hautaine pourtant : qu'en aucun cas il ne souffriroit que le roy de Navarre fût appelé à la succession de la couronne de France3. Tels étaient les sentiments unanimes de la Ligue. Catherine de Médicis en donna, sur ce point, l'assurance au duc de Guise ; elle déclara même que nul roi ne pourrait porter la couronne, s'il n'était bon et loyal catholique. La reine mère conservait l'espérance de tout pacifier, lorsque la lutte s'engageait en armes aux rues de Paris, par l'apparition des gardes suisses et françaises.

D'après les ordres du roi, le duc de Biron entrait dans la cité à la tète des gardes et prenait position devant l'hôtel de ville (Saint-Jean de Grève), au Petit-Pont, aux Saints-Innocents et au Marché-Neuf. L'autre côté, rive gauche de la Seine, depuis la place Maubert jusqu'à l'Université, ne put être occupé vu le petit nombre de troupes : En un instant les escoliers commencèrent à s'esmouvoir ; généralement commença-t-on à se barricader partout de trente à trente pas et de tendre les chaisnes, les barricades fort bien flanquées cl munies d'hommes pour les défendre, tellement qu'il ne fut plus question d'aller partout à Paris sans passeport ou billet particulier4.

Peuple et bourgeois étaient en armes lorsque le parti modéré de l'hôtel de ville députa auprès du roi pour le prier d'ôter les troupes s'il ne voulait une immense émeute à Paris. Le roi résista à ces prières avec fermeté ; il croyait les forces suffisantes pour comprimer la vive et profonde émotion des masses. Toutes les démarches n'aboutirent à rien qu'à des pourparlers inutiles. Ce qu'avait pressenti Catherine de Médicis et qu'elle avait voulu éviter, éclatait furieusement ; les Suisses, les gardes du roi étaient attaqués, pressés entre mille barricades sans pouvoir s'ouvrir un passage, si ce n'estoit par-dessous terre comme les souris, ou dans l'eau comme les grenouilles, ou s'ils ne voloient en l'air comme les oiseaux5. Les barricades s'étendaient de proche en proche jusqu'au Louvre, où était Henri III. La royne mère pleuroit à grosses larmes tout le long de son disner. Le roi ordonna que ses gardes ne fissent plus aucune résistance6, et Catherine de Médicis s'offrit de nouveau comme médiatrice pour apaiser l'émotion.

---

1 *Registres de l'hostel de ville*. Aux archives, t XII, p. 117.
2 *Registres de l'hostel de ville*. Aux archives, t. XII, p. 119.
3 Mss. de M. de Lezeau. (Biblioth. Sainte Geneviève).
4 *Récit d'un bourgeois de Paris*, Mss. Dupuy, 47.
5 *Récit d'un bourgeois de Paris*. Mss. Dupuy.
6 12 mai 1588, Le roi écrivit dans ce sens au duc de Nevers, un des hommes influents de La Ligue. Mss. de Mesme, intitulé : *Mémoires sur la Ligue*, in-fol., t. III, n° 893.

La voici encore l'active et pauvre vieille, en sa chaise, pour aller en l'hôtel du duc de Guise ; l'émeute populaire était dans toute son activité, et à peine la royne pouvoit passer parmi les rues si dru semées et retranchées de barricades, tellement que ceux qui les gardoient ne voulurent pas faire plus grande ouverture que pour passer la chaise. C'est ainsi que Catherine de Médicis arriva jusqu'à l'hôtel de ville.

Les paroles douces, persuasives de la reine mère ne furent pas inutiles auprès du duc de Guise, qui, maître de Paris, ne dicta d'autres conditions au roi que le renvoi du duc d'Épernon, chef du conseil, et l'engagement pris d'accéder aux articles de la Ligue signés à Nancy sans arrière-pensée, en promettant surtout de ne pas quitter la bonne cité de Paris et de vivre et mourir avec ses catholiques habitants. Le duc de Guise suivait les vieux conseils de sa famille et les traditions de son père ; en plaçant la couronne de France sur le blason de la ville de Paris, le duc de Guise était sûr de dominer la cité et de régner en maire du palais. Catherine de Médicis le sentait bien sans doute ; mais entre deux maux il fallait choisir le moindre, et puisque l'émotion du peuple était parvenue à son paroxysme, on devait avant tout la calmer. Cet apaisement, le duc de Guise seul pouvait l'obtenir[1] ; ensuite on aviserait aux moyens de contenir la maison de Lorraine si elle allait au delà de certaines limites. Catherine de Médicis faisait sans hésiter la première concession imposée par la Ligue : Qu'en aucun cas le roi de Navarre et le prince de Condé ne pourraient succéder à la couronne. A cette condition le duc de Guise promettait de calmer le peuple.

---

[1] On trouve dans les *Archives de Simancas* de curieuses observations du duc de Guise adressées au roi d'Espagne, B, 61, sur la journée des Barricades.

XXIII. — Avril-mai 1588.

Henri III était moins décidé que Catherine de Médicis à toutes ces concessions : depuis l'arrivée du duc de Guise à Paris, il n'avait pris aucune part aux démarches de sa mère pour obtenir un traité auprès des chefs de la Ligue. S'il n'avait pas réussi à dompter les barricades par ses gardes suisses et françaises, obligées de se retirer devant le peuple, il s'était jusqu'ici refusé aux conditions impératives que lui faisait l'hôtel de ville de Paris. La pensée du roi fut dès ce moment de quitter la cité secrètement, afin de reconquérir sa liberté d'action au milieu de son armée, et, s'il le fallait, même sous la tente du roi de Navarre, son héritier désigné. Le roi de France, naguère duc d'Anjou, aimait la vie des camps : il n'aspirait qu'au moment où il pourrait rejoindre une armée pour combattre Paris agité ; il fit le semblant d'une paisible promenade, seul, un petit bâton à la main, aux Tuileries, dans les nouveaux jardins plantés : Son escurie estoit là[1] ; il monta à cheval avec ceux de sa suite qui eurent le moyen d'y monter ; il sortit par la porte Neuve, et se retournant vers la ville, jeta quelques propos d'indignation contre son ingratitude et lascheté[2]. Dès ce moment tout fut dit pour son pouvoir.

Cette ville de Paris, apostrophée par le roi, Catherine de Médicis ne l'avait pas abandonnée ; elle avait compris que la force populaire était désormais dans la Ligue, et qu'en trop la heurtant, les Valois perdraient la couronne. La reine resta donc auprès des habitants de la ville de Paris, bien qu'on l'accusât (et certainement à tort) d'avoir conseillé la retraite de son fils ; les conséquences de cet événement étaient prévues par les ligueurs : le conseil de ville assura par une suite de mesures la liberté de son gouvernement, tandis que le duc de Guise, toujours prudent et réfléchi, se montrait respectueusement dévoué au roi Henri III ; il protégeait les gardes suisses et françaises menacées par le peuple irrité ; il les réarmait même, comme s'il n'était que le lieutenant de S. M. Il existe encore une lettre écrite par le duc de Guise au roi d'Espagne[3], pour lui rendre un compte exact de la journée des Barricades, n n'y a pas un mot dur ou séditieux prononcé contre Henri III, son suzerain, dont il veut garder la foi et allégeance, car il est bon catholique.

Catherine de Médicis mettait à profit son séjour à Paris pour essayer un rapprochement encore possible entre le roi son fils et Henri M. de Guise, qui, victorieux des troupes royales, continuait à montrer des sentiments très-modérés. La ville s'organisait sous son épée : des magistrats tout populaires étaient élus avec la volonté de défendre et de protéger la cité[4]. Toutes les villes ligueuses s'écrivaient dans un dessein de protection mutuelle ; mais toutes aussi ne voulaient point se séparer encore de la royauté des Valois ; Catherine de Médicis profitait de ces bonnes dispositions, et, par son conseil, les présidents La Guesle et de Neuilly vinrent à Chartres où était précisément le roi, pour offrir leur soumission à S. M. Henri III les accueillit avec sévérité, et cependant il aimait

---

[1] Amplification des particularités qui se passèrent à Paris lorsque M. de Guise s'en empara et que le roi en sortit. (Mai 1588.)
[2] *Journal de Henri III*, 3 mai 1588.
[3] *Archives de Simancas*, cote B, 61. Le roi Henri III avait également annoncé sa retraite de Paris à Sa Majesté catholique, par un petit billet qui est aux mêmes archives, coté C.
[4] Collection Fontanieu (règne de Henri III).

tant Paris, qu'il eût été heureux de revoir son Louvre et les Tuileries. La reine mère, instruite de ses dispositions, mettait tout son zèle, toute son activité à conquérir les partisans par son affabilité extrême1 : elle se promenait en litière au milieu des confréries et des halles en armes, témoignant à tout le peuple qui l'entourait qu'elle allait s'entremettre pour obtenir le retour du roi en sa bonne ville : ce qui était le désir de tous. Dans cette pensée de conciliation, la reine mère résolut elle-même le voyage de Chartres avec le duc de Guise, qui consentit à l'accompagner. Catherine de Médicis mettait d'autant plus d'importance à cette conciliation, que sans le concours du duc de Guise, elle croyait la couronne des Valois tout à fait perdue ; car le peuple choisirait tôt ou tard un prince dans ses opinions, et Henri de Guise était désigné par tous2. La suite de la reine mère en ce voyage estoit belle ; le duc de Guise, accompagné de quatre-vingts gentilshommes ; le cardinal de Bourbon, précédé de ses gardes, vestus de casaques en velours cramoisi, brodé d'or ; l'archevesque de Lyon, plusieurs des magistrats de la ville de Paris, etc. Tous arrivèrent à Chartres en la cour, et la reine mère, portant la parole, supplia S. M. de s'en revenir à Paris3. Henri III déclara fermement qu'il n'y consentirait jamais tant que les princes lorrains en seraient maîtres ; il pria sa mère de ne l'importuner davantage. Alors Catherine de Médicis se prit à pleurer : Comment, mon fils, que dira-t-on plus de moi et quel compte pensez-vous qu'on en fasse ? Seroit-il bien possible qu'eussiez changé votre naturel que j'ai toujours connu si aisé à pardonner ? — C'est vrai, madame, ce que vous dites, répondit le roi en se raillant, mais que voulez-vous que j'y fasse ? c'est le méchant d'Épernon qui a tout changé mon bon naturel.

Le roi jetait cette parole moqueuse à ceux qui accompagnaient la reine, parce qu'il savait que le duc d'Épernon, chef de son conseil, était en haine à tout le parti des princes de Lorraine et même à sa mère ; et il rappelait ce nom pour se gausser des remontrances populaires qui dénonçaient le duc d'Épernon et Lavalette, son frère, comme les

fauteurs et suppôts des hérétiques4. Dès ce moment, la Ligue, de plus en plus méfiante à l'égard du roi, et resserrant ses liens, devenait une association puissante qui avait sa diplomatie à l'étranger comme son gouvernement intérieur. Pour Henri il n'y avait plus à hésiter : ou il fallait se mettre avec la Ligue et subir toutes ses conséquences, ou marcher contre elle avec une armée organisée. Catherine de Médicis supplia son fils d'accepter les conditions du parti ligueur, et la médiatrice eut encore l'honneur et le bonheur d'une dernière victoire pacifique.

Par le traité signé à Chartres (juin 1588), le roi Henri III se déclarait le chef de l'union catholique, promettant d'exclure de toute fonction d'État les huguenots et politiques de tout rang et condition. Avant la signature de ce traité, et pour constater sa loyauté, le roi éloignait du conseil le duc d'Épernon et Lavalette ; il confiait en même temps la lieutenance générale du royaume au duc de Guise, appelé ainsi à la plénitude de tous les pouvoirs sur l'armée et l'administration

---

1 Mss. Béthune, vol. coté 8911, fol. 22.
2 *Journal de Henri III*, mai 1588, t. II. p. 11.
3 *Explication des particularités qui se passèrent à Paris et à Chartres*. Comparez avec les *Registres de l'hostel de ville*, t. X.
4 Comparez la brochure : *Propos que le Roy a tenu à Chartres aux députés de la cour du Parlement de Paris*, 1588, et les *Requestes présentées pour la défense de la religion catholique, apostolique et romaine*.

générale. Les ligueurs avaient pleine satisfaction et une garantie suffisante, car le lieutenant général du royaume c'était l'alter ego de la royauté : aussi le duc de Guise se hâte d'annoncer au roi d'Espagne le grand résultat que les catholiques viennent d'obtenir[1]. Philippe II lui fait répondre par son ambassadeur : Quelles que soient les caresses du roy, dites au duc de Guise de ne point se fier à ces trompeuses démonstrations. Rien n'est capable d'inspirer confiance dans cette volonté variable[2]. Les chefs de la maison de Valois, les politiques et les calvinistes, profondément affectés du triomphe absolu des Guise désormais maîtres du gouvernement, mettaient tous leurs soins à démontrer au roi dans leurs écrits l'abjection dans laquelle il était tombé en se plaçant sous l'épée d'un Lorrain. Ce fut encore l'époque des pamphlets ardents, répétés[3], et cela s'explique, car les pamphlets démoralisent un pouvoir, l'affaiblissent, et quand il est bien abattu dans l'opinion, il suffit d'un coup de main pour le renverser. Les politiques savaient Henri III hautain et railleur de sa nature : lui faire entrevoir qu'il n'était plus le maître sous la main des Guise, c'était le disposer à s'affranchir d'un joug odieux ; il avait à peine subi celui de la reine sa mère, de cette intelligence supérieure et toute dévouée aux Valois : comment souffrirait-il la domination des Lorrains dont la pensée définitive était la restauration de l'empire de Charlemagne et de sa dynastie revivant en leur personne ? Il en résultait pour Henri III une conséquence obligée : il devait se débarrasser au plus tôt et n'importe comment du chef de la maison des Guise. Serait-ce par la force, la ruse, la violence ? On ne le savait pas encore ; mais la nécessité des choses le commandait, et c'est une souveraine impérative. En vain la reine mère, avec sa prudence consommée, répétait à son fils : qu'il se briserait contre les Guise en les attaquant de front, et que la première qualité d'un politique c'était la patience ! Henri III n'écoutait que ceux qui flattaient ses penchants pour son autorité libre et affranchie : le duc de Guise, ce maire du palais, qui marchait devant lui sa longue épée haute, lui devenait toujours plus odieux[4]. Le roi cherchait le temps et l'heure pour s'en débarrasser : à quoi cela lui servirait-il ? En frappant un chef d'opinion, on n'affaiblit pas la force de cette opinion ; celle-ci trouve toujours un nouveau bras pour la diriger et la conduire. La reine Catherine de Médicis le répétait au roi : car l'âge n'avait fait qu'augmenter en elle cette prudence consommée, cet esprit fin qui comparait les faits et savait la portée de chaque événement. Il n'y avait que les fous, les imprudents, tels que d'Épernon et Lavalette qui pouvaient conseiller au roi de frapper l'aîné des Guise et lui faire envisager la mort du lieutenant général du royaume comme une solution politique.

---

[1] 24 juillet 1588. *Archives de Simancas*, B, 60.
[2] Réponse du 8 août, de la main de Philippe II.
[3] La plupart de ces pamphlets ont été recueillis dans la bibliothèque Fontanieu, ann. 1588. C'est à cette époque que les huguenots publièrent l'absurde et hideux pamphlet, intitulé : *Le Cabinet du roy de France, et dirigé contre le clergé catholique.*
[4] Depuis le traité de Chartres, le duc de Guise ne quittait pas le roi. Voyez sa lettre à Bernardone Mendoça, l'ambassadeur d'Espagne, 6 août 1688. *Archives de Simancas*, A, 60.

XXIV. — 1588-1589.

Une pensée fondamentale de toutes les réclamations, de toutes les doléances qui s'adressaient à Catherine de Médicis, ou au roi Henri III, était celle-ci : Il n'y a qu'un seul remède aux maux du royaume, c'est la convocation des états généraux ; c'est-à-dire la réunion des trois ordres pour délibérer sur la chose publique. Les chefs de la Ligue insistaient sur ce point, parce que maîtres de la majorité du pays, en définitive ils le seraient des états généraux. Aussi quand le roi Henri UI eut accédé à la Ligue, des lettres furent publiées pour convoquer les états à Blois, et la ligue envoya partout des instructions afin d'obtenir les députés de son choix[1] : il n'y a rien de fort comme une opinion dont tous les membres se tiennent bien et marchent dans les mêmes voies. Les calvinistes, peu portés pour les états généraux, préféraient le système des synodes soutenus par de petites armées et appuyés sur des places de sûreté. Les calvinistes savaient bien qu'avec le sentiment universel de la France ils n'auraient jamais pu triompher : ils agissaient par les moyens particuliers avec habileté.

Ce qui avait été pressenti arriva très-exactement, les élections catholiques dominèrent les états de Blois ; Catherine de Médicis en tira cette conclusion, qu'il fallait s'entendre plus que jamais avec l'opinion victorieuse. Tel ne fut pas le sentiment de Henri III se séparant encore des idées modérées de sa mère ; tout le conseil fut renvoyé parce qu'il partageait les opinions de Catherine sur la nécessité d'une transaction. Le triomphe du duc d'Épernon fut complet, et celui-ci était l'ennemi personnel des Guise. La majorité insistait pour que le concile de Trente fût déclaré loi fondamentale de l'État[2], et que la Ligue devînt la formule générale du gouvernement. A ce sujet l'innovation la plus grande fut tentée par rassemblée : jusqu'ici les états généraux avaient procédé par de respectueuses remontrances : il fut déclaré que désormais ils agiraient par voie d'ordonnances et d'édits, c'est-à-dire avec la plénitude de la puissance législative dont le roi n'était que le dépositaire.

L'esprit tout populaire de la Ligue se révélait dans cette tendance des états vers la conquête de la souveraineté. Les Guise les dominaient avec les desseins les plus hardis, la volonté forte et puissante de se poser d'abord en maires du palais pour préparer ensuite un changement de dynastie. Catherine de Médicis, sans pénétrer jusqu'au fond de tel projet, conservait cette idée juste et fixe : qu'il y aurait folie à essayer une lutte corps à corps en face des états contre la maison de Lorraine et la Ligue. Ces états demandaient une guerre immortelle et sans répit contre les hérétiques et la réduction des tailles sur le pied de 1516[3]. Henri III promettait tout, avec le dessein de se débarrasser bientôt de celui qu'il croyait la cause première de l'esprit d'opposition de l'assemblée. Le roi se sentait opprimé, humilié par la puissance des Guise ; il voulait frapper cette maison dans son chef et en finir par un coup d'État même sanglant contre les Lorrains.

---

[1] La pensée de la Ligue pour la convocation des états se révèle dans la correspondance du duc de Guise avec l'ambassadeur d'Espagne, août 1588. *Archives de Simancas*, A, 60.
[2] *Recueil des estats généraux*, t. XIV, p. 412. Comparez avec la correspondance secrète du duc de Guise. (*Archives de Simancas*, 60, 12.)
[3] Il existe un curieux récit sur les états généraux, avec ce titre : *l'ordre des estats généraux tenus à Blois l'an 1588.* Mss., Biblioth. imp., vol. coté 258.

L'histoire de la triste nuit du 23 décembre 1588 se résume par cette fausse pensée conçue par d'Épernon : que jamais le roi ne deviendrait maître de la Ligue, le duc de Guise vivant ; idée folle, imprudente, contre laquelle luttait Catherine de Médicis avec sa sage énergie. La reine mère resta tout à fait étrangère à la tragédie qui ensanglanta les états de Blois1, à la mort du duc de Guise qui fut le signal d'une explosion immense contre les Valois. Henri III, sous l'influence du duc d'Épernon, n'avait confié ce dessein qu'à ses officiers intimes qui environnaient sa personne et obéissaient à ses ordres, à Duhalde surtout, l'un d'entre eux, le plus hardi ; il croyait, une fois son ennemi mort, que tout serait anéanti avec lui. Catherine de Médicis avait des idées plus justes et plus vastes : un chef frappé devient le martyr d'une cause, et il en surgit bientôt une autre tête. Une opinion ne vit jamais et ne meurt jamais en un seul homme, et bien que le coup d'État de Blois s'accomplit avec une sanglante solennité, par les ordres du roi ; bien que le cadavre du duc de Guise fut exposé comme celui d'un criminel, et que la mesure s'étendit à tous les autres membres de la maison de Lorraine et aux meneurs de la Ligue, presque tous arrêtés, le coup d'État n'eut aucune des conséquences que le conseil en avait espérées. A la mort du duc de Guise il se fit une explosion immense au sein de la Ligue, ainsi que l'avait pressenti la sage Catherine de Médicis, et le dernier lien qui unissait le peuple aux Valois fut brisé. Dans les chaires de Paris, le curé Leicester, le prédicateur populaire, s'écria : Le vilain Hérode (Henri de Valois) n'est plus notre roy, eu égard aux injures et déloyautés commises contre les catholiques2. Ces paroles résumaient l'acte de déchéance prononcé contre Henri dans les églises de Paris :

> Ce perfide politique
> Masqué d une vie sainte et catholique,
> Communie au corps de Jésus-Christ, notre Seigneur,
> Avec le duc de Guise (de l'hérétique vainqueur) ;
> Après dînèrent ensemble, lui montrant
> Signe d'amitié sous beau semblant.
> Ce bon prince tost après fut lue et massacré.

Dans les provinces, la crise populaire s'étendit et se propagea : Henri III, depuis cette nuit sanglante, ne fut plus roi de France. La vieille reine mère eut la douleur de voir son fils se séparer de son système de modération et de gouvernement sans pouvoir y porter remède. Elle était au château de Blois lors de l'exécution des Guise ; mais elle n'apprit le coup d'État sanglant qu'après qu'il eut été accompli : Madame, lui dit Henri III, je suis maintenant seul roy et n'ai plus de compagnon ! La reine mère toute souffrante se souleva sur son séant : Que pensez-vous avoir fait, mon fils ?3 Dieu veuille que vous vous en trouviez bien. Mais au moins avez-vous donné l'ordre pour l'assurance des villes ? Si vous ne l'avez fait, faites-le au plus tost, sinon il vous en prendra mal. Dans ces quelques mots, Catherine de Médicis avait jugé la situation sérieuse de son fils : c'était par les cités de la Ligue que l'explosion devait éclater contre le royaume des Valois, car la déchéance du roi serait le dernier mot de la Ligue... Mon fils, faites aussi prévenir le légat du pape par le cardinal de Gondi, dit encore Catherine de Médicis ; et ces paroles révélaient une pensée de prévoyance

---

1 Il existe, sur le triste épisode de Blois, un récit très-détaillé d'un témoin oculaire, Miron, premier médecin du roi. (Mss. Biblioth. imp., vol. coté 358, fol. 34.)
2 Comparez le *Journal de Henri III* et les *Registres de l'hostel de ville*, XII, fol. 267 ; la rupture est complète entre Henri III et le conseil de la ville.
3 *Journal de Henri III*, t. II, p. 154, en le comparant aux *Mémoires sur la Ligue*.

politique. Le pape (et c'était alors Sixte-Quint) devait nécessairement obtenir une immense influence sur la direction future des événements de la Ligue, et la déchéance définitive des Valois ne pouvait venir que de cette autorité suprême. La reine mère espérait encore, par des explications habiles et des promesses religieuses, atténuer la gravité de l'événement sinistre qui venait de s'accomplir à Blois : vaine conjecture !

L'explosion si redoutée des cités fut rapide comme la foudre : partout, à Lyon[1], Dijon, Toulouse, Marseille, on s'était soulevé contre *le tyran* (c'est ainsi qu'on appelait Henri III), qui avait frappé l'honneur, la gloire du catholicisme. Avec quel intérêt le peuple entoure tout ce qui appartient aux Guise : les frères, la femme, les enfants du martyr ! On ne leur donne pas encore la royale couronne, mais les voies se préparent larges et faciles pour y arriver, et déjà le conseil de la Ligue déclare la vacance du trône. Il existe à ce sujet une circulaire d'une haute importance, qui rappelle par ses termes plus d'un acte des révolutions modernes sur rétablissement d'un de ces comités intermédiaires qui séparent deux époques, et l'avènement des nouveaux pouvoirs. Le conseil de l'union (le gouvernement provisoire d'alors) écrit à tous les parlements : Messieurs, nous avons établi un conseil général de l'union, composé d'un grand nombre d'honnestes personnes des trois ordres, auxquels s'expédient et s'ordonnent toutes les affaires de notre union avec messieurs les princes catholiques, lesquels les premiers ont juré d'obéir au dit conseil. Les grâces, rémissions, provisions d'offices et toutes autres affaires sont dépeschées de toutes les parties du royaume sous un scel nouveau aux armes de France, sur la légende desquels sont escrits ces mots : *Sigillum regni Franciæ*, et de cet ordre nous espérons beaucoup de bien en attendant l'assemblée des estats généraux[2].

Cette résolution soudaine du conseil de l'union supposait la déchéance de la maison de Valois et la vacance du trône, et c'est ce que la reine mère avait voulu éviter par ses transactions. Le rôle de Catherine de Médicis finissait par le triomphe des partis extrêmes ! La lutte prenait un caractère de vigueur qui n'allait plus au tempérament calme et réfléchi de la reine mère ; la tempête des passions agitait cette association de la Ligue, qui voulait en finir avec les Valois pour chercher un pouvoir nouveau. En vain Catherine de Médicis avait une fois encore tenté la médiation auprès des modérés : à Blois, elle s'était fait porter chez le cardinal de Bourbon, pour le supplier de servir d'intermédiaire à la paix du royaume. Le cardinal la reçut avec colère : Ah, madame, ce sont là de vos faits, de vos coups ; vous nous faites tous mourir. — Je prie Dieu de me damner, mon cousin, répondit la reine mère, si jamais j'ai donné ma pensée et mon avis en cette triste affaire. En prononçant ces paroles, la reine sentit ses jambes fléchir. Je n'en puis plus, il faut que je me mette au lit ! Le *Journal de Henri III* continue avec sa froideur parlementaire : Comme de ce pas elle fit et n'en releva plus et décéda au château de Blois, âgée de soixante et onze ans, et portoit bien l'âge pour une femme pleine et grasse comme elle estoit. Elle mangeoit et se nourrissoit bien et n'appréhendoit pas les affaires[3].

---

[1] Lyon surtout avait montré un zèle immense. Voyez *Déclaration du conseil, échevins, manans et habitans de la ville de Lyon, sur l'occasion de la prise des armes par eux faite* (24 février 1689).
[2] Cet acte si curieux se trouve dans les *Registres de l'hostel de ville*, t. XII, fol. 303. On voit que les idées de gouvernement provisoire, de déchéance, ne sont pas exclusivement modernes, et qu'à toutes les époques les partis ont procédé par les mêmes voies.
[3] *Journal de Henri III*, t. II, p. 154 à 156.

Ainsi s'exprime l'égoïste parlementaire qui a écrit le *Journal de Henri III*. Il n'avait pas compris l'immense labeur de cette fille des Médicis qui avait passé sa vie à se tempérer elle-même et à calmer les partis sanglants qui se heurtaient dans l'immense bataille du XVIe siècle : Aussi, après sa mort — de laquelle fut parlé diversement, les uns tenant qu'elle avoit hasté sa fin par regret et dépit de voir tous ses desseins renversés ; les autres ajoutant que par moyens extraordinaires on lui avoit fait sauter le pas —, on ne parla pas plus d'elle que d'une chesvre morte1. Telle est la destinée des esprits de modération qui veulent mêler leur douce voix à l'éclat des tempêtes dans les révolutions. Leicester, le curé, le prédicateur populaire, dut aussi s'expliquer sur la mort de Catherine de Médicis : Aujourd'hui, dit-il, se présente une difficulté : savoir si l'Église doit prier pour celle qui avoit si mal et souvent soutenu l'hérésie, encore que sur la fin elle ait soutenu l'union et *n'ait jamais consenti à la mort de nos bons princes* ; sur quoi je vous dirai que si vous voulez lui donner à l'aventure, par charité, un pater et un ave, il lui servira de ce qu'il pourra. Je vous le laisse en liberté2. Les ligueurs *ne pouvaient lui pardonner ses tendances et ses concessions au calvinisme*. Ainsi les partis extrêmes jugeaient la reine Catherine de Médicis qui avait tristement usé sa vie à les empêcher de se combattre et de verser le sang à flots : c'est un crime à leurs yeux ! Il n'y a pas de situation plus difficile, plus mal jugée que celle d'un esprit habile qui se place entre deux opinions ardentes pour les contenir ; il ne doit attendre ni éloge, ni appui, ni même de justice ; les ligueurs, par l'organe de Leicester, flétrissaient la mémoire de Catherine, et les huguenots, par les pamphlets sur ses *déportements*, la présentaient comme une de ces reines de l'antiquité qui ne cachaient les crimes que par les vices. Ensuite vinrent les faiseurs de vers, de jeux de mots, d'antithèses, qui trouvaient agréable de badigeonner cette figure historique.

> La royne qui cy gist fut un diable et un ange,
> Toute pleine de blasme et pleine de louange ;
> Elle soutint l'Estat, et l'Estat mit à bas,
> Elle fit maints accords, et pas moins de débats,
> Elle enfanta trois rois et trois guerres civiles ;
> Fit bastir des chasteaux et ruiner des villes,
> Fit bien de bonnes lois et de mauvais édits,
> Souhaite lui, passant, enfer et paradis.

Ces antithèses saisissent les esprits superficiels et leur plaisent, mais elles manquent de ce grand sens, de cette vérité suprême, de cette étude profonde des temps et des caractères qui constituent l'histoire. Catherine de Médicis n'avait pas fait la situation, elle ne créa pas les partis, ils existaient ; seulement elle les empêcha, tant qu'elle put, de troubler la France. Est-ce que la reine mère avait prêché la réforme ou attisé la haine naturelle entre les catholiques et les protestants ? Avait-elle mis au monde Luther, Calvin, Sixte-Quint et les Guise ? Sa faute fut d'avoir entrepris une œuvre impossible, c'est-à-dire la conciliation de deux forces énergiques, ardentes, qui appelaient de tous leurs vœux la guerre civile avec du sang versé à flots ; il rejaillit un peu de ce sang sur la robe noire de Catherine de Médicis ; elle en porta les traces que les drames ont retrouvées ; et pourtant la cause ne venait pas d'elle. Les crimes furent l'œuvre des partis, qui ne finissent jamais leur lutte que par l'épuisement et la mort !

---

1 *Mémoires de la Ligue*, t. III, p. 184.
2 *Journal de Henri III*.

La vie de Catherine de Médicis, telle que nous venons de l'écrire, diffère sérieusement de tous les portraits qu'on a faits de la reine mère dans les livres, au théâtre, dans les romans, quelquefois même dans les œuvres aux prétentions graves que couronnent les académies ; il est convenu de représenter Catherine un poignard à la main, comme Charles IX, son fils, avec sa fameuse arquebuse ; tous deux tuent à plaisir pour avoir ensuite des remords, des visions sanglantes, des nuits sans sommeil, des attaques d'épilepsie sombre et désolée qu'on reproduit sur la scène. Vraiment, c'est mal connaître les deux familles les plus artistiques, les plus dissipées, celles des Valois et des Médicis, que d'ainsi les représenter depuis François Ier jusqu'à Henri III, sous ces féroces dehors de mélodrame. On n'a jamais relevé à leur juste hauteur les Valois, race d'élite, à qui la France doit ses plus beaux palais, ses chefs-d'œuvre d'art, ciselure, peinture, sculpture, imprimerie, librairie, reliure. Cette Catherine de Médicis, toute sanglante (dans les vulgarités historiques), dota la France de toutes les richesses de l'art florentin, et les beaux manuscrits de Cosme formèrent un des premiers fonds de la Bibliothèque royale. L'Italie a toujours enrichi la France de ses joyaux, de ses escarboucles littéraires.

La famille élégante des Valois subit le malheur attaché à tous les pouvoirs qui vivent au milieu des partis en armes ; ils voulurent distraire, conseiller, apaiser : ils ne le purent pas. Tous ces princes moururent jeunes et gracieux : Henri II, François II, Charles IX, Henri III, et ces poétiques figures furent déchirées par la fureur des passions qu'ils n'avaient pas assez bien servies. Il y a quelque chose de curieusement élevé dans cette reine mère qui, les yeux fixés sur la couronne de ses enfants, veut la préserver du naufrage. Les crimes de l'époque appartiennent aux réactions toutes sanglantes qui dominent les hommes et les choses. Ceux qui ont étudié la grande histoire savent combien sont martyrs les gouvernements de modération et de tempérance : presque toujours ils succombent à l'œuvre, et une fois à terre tous les petits esprits les déchirent.

N'oublions jamais que le XVIe siècle fut peut-être plus agité de révolutions que nos époques les plus ardentes des temps modernes. Hélas ! qui n'a pas vu des massacres, des guerres de rue, des exécutions violentes, des excès populaires ! le pouvoir en est-il toujours responsable ? Les partis ne sont-ils pas poussés par je ne sais quelles passions fanatiques et malfaisantes ? Qui peut les contenir, les réfréner ? Pourquoi accuser les têtes politiques qui, le plus souvent, ont redoublé d'efforts et de zèle pour empêcher les partis d'en venir aux mains ?

Oui, Catherine de Médicis fut la capacité d'apaisement et de modération ; sa mémoire y a succombé, parce que la guerre civile était dans les opinions, et que la fatalité les entraînait dans une sanglante lutte que nul ne pouvait empêcher. La cause première avait été la réforme de Luther. La Bible qu'il jeta au monde fut écrite en caractères terribles. Il ne l'avait pas voulu sans doute : je ne l'en accuse pas ; mais souvent une idée porte dans ses flancs des révolutions inouïes. On croit émettre une simple question scolastique, et on accomplit un bouleversement social, jusqu'à ce qu'il arrive un gouvernement d'autorité qui rétablisse la religion de l'obéissance, la première garantie de la grandeur des peuples.